아이의 인생은 초등학교에 달려 있다

행복한 아이로 키우기 위해 초등학생 부모들이 알아야 할 모든 것

아이의 인생은 초등학교에 달려 있다

신의진 • 연세대학교 소아정신과 교수 지음

걷는나무

Prologue

아이에게 행복한 미래를 주고 싶은 부모들에게

우리나라는 다른 어느 나라와 비교해 봐도 아이들에게 요구하는 '정상'의 기준이 참 높다. 초등학교에 들어가기만 하면 의자에 앉아 40분 동안 꼼짝도 않고 집중하기를 바라고, 어른들 말에 거역하지 않고 고분고분 따르기를 바란다. 또 학교에서 돌아오면 숨 돌릴 틈도 없이 시간 맞춰 학원에 가기를 바란다. 책도 좋아해야 하고, 친구도 잘 사귀어야 하고, 그림 그리기는 기본이며, 악기 하나는 다룰 줄 알아야 하고, 태권도나 수영 하나쯤은 할 줄 알아야 하는 게 우리 초등학생들이다.

하지만 그게 어디 쉬운 노릇인가. 아마 웬만한 어른들도 그걸 다 해내려면 힘들 것이다. 어른들도 하기 힘든 것을 아이에게 같은 강도로 요구하고 있으니 아이들이 버거워하는 건 당연하다. 말썽을 일으키지 않는 게 오히려 이상한 일이다.

그런데도 엄마들은 하루에도 몇 번씩 다음과 같은 고민을 반복한다.

'왜 우리 아이는 잘하는 게 없을까?'

'공부를 계속 시키는데도 왜 성적이 안 오르지? 다른 학원에 보내야 하나?'

'왜 우리 아이는 공부하기를 싫어할까?'

공부란 결코 많이 한다고 좋아하게 되는 것도, 잘하게 되는 것도 아니다. 초등학생 부모들이 범하고 있는 가장 큰 잘못은 바로 공부의 잣대로만 아이를 바라보고 평가한다는 것이다.

학습 능력만큼이나 초등학교 때 아이가 꼭 발달시켜야 하는 게 있다. 그것은 사회성, 공감 능력, 감정 조절력, 도덕성 등 정서 발달이다. 그리고 단언하건대 정서 발달이 제대로 이루어지지 않은 아이들, 쉽게 말하자면 성격이 모난 아이들은 초등학교 때 비록 1등을 하더라도 중학교, 고등학교 올라가서는 공부를 못할 확률이 높다.

그러니 초등학교 때 아이의 성격에 문제가 있다면 그게 더 큰 문제라고 볼 수 있다. 공부는 나중에라도 잘할 수 있지만 성격은 좀처럼 바뀌지 않기 때문이다.

부모들이 잘못하고 있는 것은 그뿐만이 아니다. 더 빨리 많은 것을 알아야 한다고 생각해 선행 학습도 시키고, 학원과 과외를 두세 개씩 하게 하지만 그것이 오히려 아이를 망칠 수 있다.

아이가 정말 공부 잘하기를 바란다면, 행복하게 커 나가기를 바란다면, 가르치는 방식부터 바꿔라. 부모들이 아이에게 가르쳐야 할 것은 '선행 학습'이 아니라 '런 하우 투 런(learn how to learn)'이다. '런 하우 투 런'이 무엇이며, 왜 그것을 가르쳐야 하는지, 어떻게 가르치면 되는지에 대해서는 3장에 꼼꼼히 정리해 두었으므로 참고하기 바란다.

마지막으로 당신에게 묻고 싶은 것이 있다. 초등학교 때 아이가 꼭 배워야 할 한 가지가 있다면 당신은 그게 무엇이라고 생각하는가?

고백건대, 나 역시 큰아이 경모가 초등학교에 입학할 때 아이가 학교생활에 잘 적응할까만 걱정했지 아이에게 제일 중요한 것이 무엇인지 생각할 겨를이 없었다. 그렇게 준비 없이 학교에 보내 놓고 많은 시행착오를 거쳤다.

학원에 보내 놓으면 어느새 도망 나오는 아이 때문에 좌절도 했고, 아이가 싫어하는 공부를 억지로 하게 하다가 아이의 반감을 산 일도 있다. 이런 우여곡절 끝에 경모는 드디어 6년의 초등학교 생활을 졸업하고 중학생이 되었다. 작은아이 정모도 벌써 3학년이다. 초등학생인 두 아이의 엄마로 살아 온 지 7년, 그리고 학습 문제와 성격 문제로 학교생활에 어려움을 겪는 아이들을 치료해 온 지 10여 년, 나는 이제야 비로소 위의 질문에 답할 수 있게 되었다.

이제 나는 망설이지 않고 말할 수 있다. 초등학교 때 아이에게 꼭 가르쳐야 할 한 가지는 바로 '세상을 좋아하게 만들기'다. 그 세상은 친구와 가족, 선생님은 물론 공부까지 아우른 세상이다.

초등학교 시절을 보내면서 '아, 세상은 참 재미있고 좋은 곳이구나'를 느낀 아이와 '아, 사는 게 왜 이렇게 힘들고 재미없지'를 느낀 아이는 인생 자체가 달라진다. 세상을 재미있다고 생각하는 아이는 힘든 상황에서도 적극적으로 자신이 할 일을 개척해 나간다.

우리 아이들이 미래 사회에서 생존하게 하려면 부모는 아이가 세상에 대한 호기심을 잃지 않고 세상을 좋아하도록 만들어야 한다. 그리고 그것은 이제 세상으로 첫발을 내디딘 초등학교에서만 가능하다. 우리 아이들이 그 세상에서 남과 어울려 사는 것을 즐기고, 그 속에서 자신의 발전을 이룰 수 있다면 더 바랄 게 있겠는가. 아이 인생은 초등학교 시절을 어떻게 보냈느냐에 달려 있다.

이 책이 조금이나마 당신의 한숨을 덜어 줄 수 있었으면 좋겠다. 그리고 힘들더라도 웃음을 잃지 않고 씩씩하고 행복하게 커 나가는 아이를 보며 당신도 행복했으면 좋겠다.

2004년 3월
신의진

개정판을 펴내며

몇 달 전 출판사에서 연락이 왔다. 이 책의 개정판을 내고 싶단다. 그래서 오랜만에 책을 들여다보는데 솔직히 두려움이 앞섰다. 2004년 책을 내고 나서 그 후로도 두 아들을 키움에 있어 내가 말한 자녀교육의 원칙들을 흔들림 없이 적용했는지, 이런저런 세상과의 싸움에 지쳐 포기한 것은 없었는지, 지금도 그 원칙들이 맞다고 생각하는지 냉철하게 돌아보는 작업이 필요했기 때문이다. 그래서 선뜻 개정판을 내는 데 동의하지 못하고 머뭇거렸다.

당시 중학교 입학을 기다리던 큰아이는 대학교 입학을 앞두고 있고, 초등학교 3학년이던 작은아이 정모는 고등학교에 들어간다. 어느새 7년이 흐른 것이다. 며칠 전 큰아이가 이런 말을 했다.

"엄마, 생각해 보니 어렸을 적 나는 사고뭉치였는데 엄마 덕분에 내가 문제아(?)인지 몰랐어요. 엄마가 항상 공부하기 싫으면 하지 말라고 하고, 하고 싶은 걸 하라고 말해 주니까, 나를 늘 믿고 응원해 주니까 몰랐던 거지. 엄마 속은 정말 까맣게 탔을 텐데 그땐 정말 몰랐어요. 미안해요. 그리고 고마워요."

평소 무심한 큰아이의 뜻밖의 이야기에 눈물이 핑 돌았다. 하지만 큰아이의 말은 틀렸다. 아이를 낳은 건 나지만 오히려 아이들이 나를 키웠기 때문이다. 아이들이 있어 나는 조금이나마 성숙해질 수 있었고 세상을 포용하게 되었다.

여러 가지 생각이 들었던 그날 밤, 다시금 책을 꺼내 찬찬히 읽어 내려 갔다. 다행히 책에 적은 내용들이 부끄럽다는 생각이 들지 않았다. 적어도 그 원칙에서 벗어난 적이 없었고 말한 그대로 실천하고자 애쓰며 살아왔으니까 말이다. 그리고 7년이 지난 지금도 '아이의 인생은 초등학교에 달려 있다'는 생각에는 변함이 없다. 큰아이와 작은아이 모두 이제는 자기만의 방식으로 세상과 부딪치며 열심히 인생을 개척해 나가고 있기 때문이다. 공부를 하지 말라고 해도 자신들의 꿈을 위해 스스로 잠을 줄여 가며 공부하는 아이들에게 더 이상 무슨 말이 필요하겠는가.

그래서 자신 있게 말할 수 있다. 나는 더 이상 아이들의 미래를 걱정하지 않는다. 그저 나는 아이들의 가장 열렬한 지지자일 뿐이다. 그런 생각으로 용기를 내어 개정판을 펴낸다. 초등학교 4명 중 1명이 공부 스트레스로 정신 건강에 이상을 보이는 지금, 이 책이 아이 걱정에 잠 못 드는 부모들에게 도움이 되었으면 좋겠다. 그리고 마지막으로 아이가 초등학교 시절을 기억하면서 '행복한 초등학교 시절을 보냈다'라고 말하기를 바란다면 조금만 더 아이를 믿고 기다려 주었으면 좋겠다. 기다린 만큼 아이와 당신 모두 행복해질 테니 말이다.

2011년 8월

신의진

Contents

4   prologue
8   개정판을 펴내며

Part » 1
아이가 초등학교에 들어간다는 것의 의미

17   아이의 인생은 초등학교에 달려 있다
23   99퍼센트 아이들의 말없는 항변
29   아이가 문제를 일으키는 진짜 이유
34   아이의 인생을 좌우하는 키워드, 자신감
42   초등학생에게 꼭 가르쳐야 할 한 가지

Part » 2
행복한 아이로 키우고 싶다면

53   아이가 공부를 싫어하는 데는 다 이유가 있다
64   아이가 1등 한다고 안심하지 마라
70   성격에 문제가 있다면 그게 더 큰 문제다
78   지금 바로 체크해야 할 7가지 덕목

Part » 3
당신이 가르쳐야 할 것은 '런 하우 투 런'이다

- **99** 런 하우 투 런의 의미
- **108** 왜 런 하우 투 런이어야만 하는가?
- **117** 21세기 생존법, 런 하우 투 런
- **126** 지금 당장 써 먹을 수 있는 런 하우 투 런 학습법 20가지
  1. 저학년 때 중요한 건 '논리'가 아니라 '직관'이다
  2. '몰라요'라고 대답하면, 최소한 4가지의 대안을 제시하라
  3. 잘하는 과목부터 시작하라
  4. 독후감을 싫어하면 10줄 서평을 쓰게 하라
  5. 사고력, 노트 정리법으로 키워라
  6. '왜?'라는 질문을 할 때, 답하는 것에서 멈추지 마라
  7. 컴퓨터와 텔레비전으로부터 아이를 보호하라
  8. 공부를 싫어하는 아이에겐 보상을 아끼지 마라
  9. 집중력을 키워 주고 싶다면 먼저 '학습 동기'를 제공하라
  10. 재미있는 공부가 오래 간다
  11. 체력이 좋아야 공부도 잘한다
  12. 책을 읽을 때는 스스로 질문하면서 읽게 하라
  13. 초등학교 글쓰기는 길게 쓰기가 중요하다
  14. 잘못했을 때 혼내지 말고 반성문을 쓰게 하라
  15. 추상적 사고력을 기르는 데는 미술관이 좋다
  16. 학기 전, 아이의 교과서를 한 번쯤 읽어 보라
  17. 영어는 조기 교육보다 동기 부여가 더 효과적이다
  18. 수학은 비슷한 문제를 모아 쉬운 것부터 풀게 하라
  19. 수학, 문제를 읽는 원리를 가르쳐라
  20. 논술은 '나는 괜찮은 사람'이라는 자신감이 있어야 잘한다

Part » 4
1퍼센트 생각을 바꾸면 아이의 인생이 바뀐다

169____ 학교를 상대로 '모난 돌'이 되어라
175____ 선생님과의 관계는 엄마 하기 나름이다
180____ 사교육을 시키려거든 제대로 시켜라
189____ 아이의 친구에 대해서 부모가 버려야 할 편견
195____ 형제 문제로 골치가 아픈 부모들에게
201____ 남자 아이, 여자 아이 이렇게 키워라
207____ 아이에게 좌절을 경험하게 하라
212____ 구두쇠 엄마 아빠가 되어라
217____ 저학년 부모들이 특히 유념해야 할 것들
225____ 고학년 부모들이 특히 유념해야 할 것들

초등학교 입학 때 아이가 받는 심리적 스트레스는 상상하기 힘들 정도로 엄청나다. 나는 이때 아이가 느끼는 스트레스가 가히 '쇼크' 수준이라고 본다. 왜 아니겠는가. 하고 싶은 게 있어도 참아야 하고, 하기 싫은 글씨 쓰기와 책상 줄 맞추기를 매일 일정하게 해야 하고, 수업 시간 내내 꼼짝 않고 앉아 있어야 하는 일이 겨우 여덟 살인 아이들에게 어떻게 쉬울 수 있겠는가.

PART **1**

아이가 초등학교에 들어간다는 것의 의미

아이의 인생은 초등학교에 달려 있다

 '드디어 경모가 학교에 들어간다.'

큰아이 경모가 초등학교에 입학하기 전날의 기분을 나는 아직도 기억한다. 내 아들이 이만큼이나 자랐구나 하는 대견함과 이제 아이에게 새로운 세상이 펼쳐지겠구나 하는 설렘을 느껴야 마땅했지만, 나는 두려움과 걱정으로 잠을 설쳤다.

우리 아이가 정말 학교에 잘 적응할 수 있을까? 아이 선생님은 어떤 분일까? 우리 아이를 예쁘게 봐 주실까? 친구들과는 잘 지낼 수 있을까? 수업 시간에 화장실에 가고 싶으면 어떻게 할까? 걱정거리가 끝도 없이 꼬리에 꼬리를 물고 이어졌다.

아마 아이를 처음 학교에 보내는 엄마들의 마음이 다 이럴 것이다. 학교란 어떤 곳인가. 학교는 아이들에게 맞추어 주지 않는다. 학교는 아이들이 적응해야 하는 곳이다. 사회라는 '꽉 짜인 틀'에 첫발을 내딛는 장소가 바로 학교다.

그래서 학교에서는 맨 처음 아이들에게 '앞으로 나란히'를 가르친다. 아이들은 '앞으로 나란히'를 배우면서 '전체'를 먼저 생각하는 법을 배운다. 그리고 만약 내가 한 걸음 비켜선다면 그게 얼마나 전체의 질서를 망치는 일인가를 깨닫는다. 그러니 여태 '나'를 중심으로 세상을 살던 여덟 살 아이들에게 학교가 무섭고 힘든 것은 당연하다.

유치원 때까지 세상은 대체적으로 아이들에게 호의적이다. 유치원에서는 아이들의 '개별적인 발달'에 가장 중점을 두며 규칙과 규율이 있어도 아이에 따라 융통성 있게 적용한다.

하지만 초등학교에 입학하면 상황은 180도 변한다. 학교의 규칙은 유치원과는 비교할 수 없을 정도로 엄하다. 유치원의 규칙이 "하는 게 좋지 않을까?"라는 청유형이라면, 초등학교에서의 규칙은 "안 하면 안 된다"라는 식의 명령형이다.

초등학교 입학 후 갑자기 오줌싸개나 울보가 되었다는 아이들은 바로 이 엄한 규칙에 놀라 그렇게 된 것이다. 초등학교 입학 때 아이가 받는 심리적 스트레스는 상상하기 힘들 정도로 엄청나다. 나는 이때 아이가 느끼는 스트레스가 가히 '쇼크' 수준이라고 본다. 왜 아니겠는가. 하고 싶은 것이 있어도 참아야 하고, 하기 싫은 글씨 쓰기와 책상 줄 맞추기를 매일 일정하게 해야 하고, 수업 시간 내내 꼼짝 않고 앉아 있어야 하는 일이 겨우 여덟 살인 아이들에게 어떻게 쉬울 수 있겠는가.

그래서 초등학교 입학 후 한동안 아이들은 그 스트레스를 어찌하지 못하고 많은 '문제 행동'을 보인다. 일시적으로 거짓말을 하는 아이도 있고, 학교에 가기 싫어하는 아이도 있다. 또 수업 시간에 돌아다닌다고 지적받기도 하고, 친구들과 매일 싸우는 아이들도 있다. 숙제라면 쳐다보지도 않는 아이들, 괜히 작은 일에도 신경질 내는 아이들 때문에 엄마들의 걱정은 끊이지 않는다.

수업 시간에 서서 문제를 푼 정모

작은아이 정모가 2학년을 마칠 무렵 수학 학원에 보낸 적이 있다. 1~2학년 잘 놀았으니 3학년 들어가기에 앞서 슬슬 공부 습관을 들여야겠다고 생각해서 보낸 학원이었다. 학교 갔다 와서 조금 쉬었다 가면 좋았으련만, 학원 시간표가 이미 짜여진 상태라 어쩔 수 없이 학교에서 오자마자 학원에 가게 되었다. '잘 할 수 있을까?' 하는 생각이 잠깐 들긴 했지만, 정모가 워낙 적응을 잘하는 데다 욕심도 많아 친구들이 간다고 하면 별 거부감 없이 가리라 생각했다.

그런데 웬걸, 정모는 "어떻게 학교 갔다 왔는데 놀지도 않고 바로 학원을 가요?" 하면서 안 간다고 버텼다. 그건 내가 기대했던 반응이 아니었다. '다른 아이들은 잘 가던데……'라는 생각도 했던 것 같다. 억지로 하는 공부는 죽은 공부라는 것을 알기 때문에 섭섭한 마음을 접고 "그래, 그럼 쉬어라"라고 말은 했지만, '어렵지만 지금 시켜야 하는 것 아닌가'라는 생각을 떨칠 수 없었다.

결국 친구들이 모두 학원에 가서 심심해진 정모가 "학원 가기는 싫지만 친구들이 가니까 가는 거예요. 대신 가서 나는 절대로 시험 안 봐요"라고 타협안을 제시하여 겨우 가게 되었으나, 나는 이 일로 아이들이 스스로 학원에 갈 수 있다는 생각이 얼마나 무모한 어른들의 편견인지 확실히 알게 되었다.

그 뒤 아이가 학원에 잘 적응하는지 궁금해 전화를 걸었다. 그러자 선생님은 "정모가 잘하긴 하는데, 수업 시간에 서서 문제를 푸네요. 제가 앉으라고 해도 '저는 이게 편해요' 그러면서 서 있어요. 같이 공부하는 여자 아이들이 놀려도 신경도 안 쓰네요"라고 말했다. 친구보다 덩치도 큰 정모가 의자에서 일어나 엉덩이를 이리저리 흔들면서 문제를 푸는 꼴이라니, 상상만 해도 재미있어 나는 키득키득 나오는 웃음을 참지 못했다. 하지만 선생님은 은근히 정모의 불성실한 학습 태도를 엄마가 고쳐 주었으면 하고 바라는 것 같았다. 그러나 나는 전혀 그럴 생각이 없었다. 오히려 선생님에게 정모가 수업을 방해하는 것이 아니면 크게 제지하지 말아 달라고 부탁했다. 내가 웃어넘길 수 있던 것은, 정모가 지금 한창 학교라는 틀에 나름대로 적응하느라 정신없는 초등학교 2학년일 뿐이라는 사실을 충분히 이해하고 있어서였다. 그 넘치는 운동 에너지를 발산할 운동장 대신 좁은 강의실에서 공부를 하고 있으니 얼마나 좀이 쑤시겠는가.

그런 아이에게 '꼼짝 않고 얌전히 잘 있을 것', '선생님 말은 무조건 잘 들을 것', '더 많이 공부할 것'까지 요구하는 것은 정모의 능력을 넘어서는 일이다. 정모가 능력이 없다는 이야기가 아니라, 그런 요구는 최소한 초등학교 고학년 이상에게 할 수 있는 힘든 과제라는 말이다.

아이가 초등학교에 들어간다는 것

초등학교 시기는 아주 중요하다. 우선 지적 발달에 있어서 아이들은 이때 모든 공부의 '기초'를 튼튼하게 닦는다. 자기 이름도 못 쓰던 코흘리개가 제법 자기 주장을 조리 있게 펼 줄 아는 청소년으로 자라는 과정인 것이다.

그래서 초등학교 1학년 아이와 6학년 아이의 지적인 차이는 단순히 지식 한두 개를 알고 모르고의 수준이 아니다. 1학년 아이가 기껏해야 두 자리 덧셈 뺄셈을 하고 구구단을 외울 수 있다면, 6학년 아이는 신문 사설을 읽은 후 그것을 자기 나름대로 비판하여 말할 줄 안다. 초등학교 6년 동안 아이들은 엄청난 수준으로 사고력을 발달시키고, 공부 방법을 깨달아 간다. 이 시기가 지나면 아무리 6년의 시간을 준다고 해도 이만큼의 '질적 발전'을 이루어 내기 어려울 정도다. 그만큼 초등학교 시절인 8~13세는 인생에 있어서 아주 중요한 시기다. 인간의 능력이 타고난 것 30퍼센트, 만들어지는 것 70퍼센트로 이루어진다고 했을 때, 그 70퍼센트 대부분이 초등학교 때 배우고 느낀 것으로 이루어진다고 해도 과언이 아니다. 그러므로 초등학교 시절을 어떻게 보내느냐에 따라 한 인간의 삶이 튼튼한 토대 위에 서느냐, 위태롭게 흔들리느냐가 결정된다고 볼 수 있다. 즉 부모가 아이에게 무엇을 어떻게 가르치느냐에 따라 아이의 인생이 바뀔 수 있는 시기가 바로 초등학교 시절인 것이다.

아이는 초등학생이라는 이름으로 세상과 처음 만나 자신의 고유한 내면의 세계를 잃어버리지 않으면서도 세상과 어울려 사는 법을 이제 막 배워 가고 있다. 그런데 그 모든 과정은 결코 만만치 않다. 급격하게 변한 환경에 적응하기도 바쁜 아이들이 과도하게 쏟아지는 과제들로 인해 언제인가부터 웃음을 잃어버리고, 괴롭고 힘들다며 한숨을 내쉬고 있다.

초등학교에 들어간 아이에게 필요한 것은 더 많은 학용품, 더 좋은 공부방이 아니라 아이가 힘들다는 걸 이해하고 학교에 적응할 수 있도록 도와주는 공감의 손길이다. 아이가 만나는 첫 세상이 즐거운 곳이어야 아이의 평생이 즐겁고 행복하지 않겠는가.

99퍼센트 아이들의 말없는 항변

매년 4~5월은 소아정신과가 가장 붐비는 시기다. 이때 많은 아이가 새로운 환경에 적응하지 못해 병원을 찾는다. 수업 시간에 딴 짓 한다고 오는 아이도 있고, 학교 가기 싫다는 아이, 공부를 너무 안 해서 오는 아이도 있다. 기본적인 몇 가지 검사를 하고 부모 면담을 할 때가 되면 엄마들은 조심스럽게 묻는다.

"우리 애 정상인가요?"

이 질문을 받을 때마다 나는 뭐라 할 말이 없다. 정상이냐 아니냐는 그 아이가 처한 환경과 보는 기준에 따라 180도 달라지기 때문이다. 수업 시간에 선생님 말에 집중하지 못하고 자꾸 자리에서 벗어나 교실을 돌아다니면서 친구들에게 말을 거는 아이가 있다고 하

자. 이 아이는 정상인가, 아닌가? 그 아이가 1960년대 농촌에 살고 있다면 그 아이는 지극히 정상일 것이다. 수업 시간에 조금 산만하다는 것이 농촌 사회에서는 큰 문제로 여겨지지 않기 때문이다. 설령 그 아이가 2000년대 대도시에 살더라도 막 입학한 초등학교 1학년생이라면 병이라 진단하기 힘들다. 학교라는 집단생활에 적응하는 과정일 수 있어서다. 그러나 아이가 3~4학년이라면 문제는 달라진다. 지금 우리나라에서 3~4학년의 집중력 장애는 학교생활을 하는 데 걸림돌이 되는, 그래서 도와주어야 할 병이다.

결국 정상이냐, 아니냐는 주변에서 아이에게 무엇을 요구하느냐에 달려 있다. 수업 시간에 조금 산만하더라도 그걸 아이 고유의 특성으로 봐 주는 선생님과 부모 밑에서는 지극히 '정상'으로 잘 자랄 수 있다는 이야기다.

'정상의 기준'이 너무 높은 나라, 대한민국

그런데 안타깝게도 우리나라는 다른 어느 나라와 비교해 봐도 아이들에게 요구하는 '정상'의 기준이 참 높은 편이다. 초등학교에 들어가면 책상에 앉아서 40분 동안 꼼짝도 하지 않고 집중하기를 바라고, 어른들 말에 거역하지 않고 고분고분 따르기를 바란다. 또 학교에서 돌아오면 숨 돌릴 틈도 없이 시간 맞춰 학원에 가야 한다. 책도 좋아해야 하고, 친구도 잘 사귀어야 하고, 그림 그리기는 기본이며, 악기 하나는 다룰 줄 알고 태권도나 수영 중 하나는 할 줄 알아야 하는 게 우리 초등학생들이다.

하지만 그게 어디 쉬운 노릇인가. 아마 웬만한 어른들도 그걸 다 해내려면 힘들 것이다. 어른들도 하기 힘든 것을 아이에게 요구하고 있으니 아이들이 버거워하는 건 당연하다. 그런데도 우리 사회는 아이들을 들들 볶고 있다. '조금 더 빨리, 조금 더 많이 알기'를 강요하며, 아이 하나하나가 스스로 꽃을 피워 낼 수 있는 시간을 충분히 주지 않는다. 남들이 다 하니까, 그 대열에서 벗어나면 엄청난 낙오자가 되는 것처럼 강박 관념에 휩싸여 있는 것이다.

얼마 전 부모들을 대상으로 '어른들의 강박 관념이 아이를 망친다'는 주제로 강연을 한 일이 있다. 지금 어른들은 아이에게 너무 많은 것을 기대하고 있으며, 아이들은 그것을 해내느라 불행하니 조금씩 여유를 가지고 아이가 스스로 할 때까지 기다려 주라는 내용이었다. 그런데 강의가 끝나자마자 어느 엄마가 손을 들더니 물었다.

"교수님이 하라는 대로 했다가 우리 아이만 뒤처져서 좋은 대학에 못 가면 어떻게 하죠?"

그제야 나는 엄마들의 모든 관심이 '내 아이 좋은 대학 보내기'에 맞추어져 있음을 피부로 느낄 수 있었다.

물론 나도 우리 아들이 이른바 좋은 대학에 들어가면 좋을 것 같다. 하지만 그것은 아이가 스스로 공부하는 법을 익히고 생각하는 방법을 알게 된 다음의 결과로 주어지는 일이지, 좋은 대학에 보내기 위해서 아이가 가진 자유로운 생각과 본성을 막을 생각은 전혀 없다. 그리고 굳이 일류 대학을 가지 않더라도 나는 얼마든지 아이가 행복하게 살 수 있다고 믿는다.

우울증에 시달리는 아이들

이제 다시 한번 초등학생 아이들의 삶을 들여다보자. 어렵게 일어나서 졸린 눈으로 겨우 학교에 가면 학교에서도 마음 통하는 친구 하나 없다. 잘못하면 왕따당하지 않을까 늘 전전긍긍해야 한다. 수업 시간에 선생님은 내가 뭘 아는지도 모르는 채 진도만 나간다. 등하굣길에서는 깡패를 만나 돈을 뺏길 수도 있고, 운이 나쁜 날에는 맞을 수도 있다. 여자 아이에겐 성폭력의 위험까지 도사리고 있다. 겨우 집에 오면 책가방을 던져 버리고 부리나케 학원 한두 곳을 다녀와야 한다. 저녁에 파김치가 되어서 돌아오면 엄마 성화에 못 이겨 숙제하고, 남는 시간에 또 학습지 공부하고 엄마 몰래 컴퓨터 좀 하다가 한 대 꽁 얻어맞고 자는 게 우리 아이들의 현실이지 않은가.

정말 솔직하게 말해서, 지금 이러한 교육 환경에서 만족스럽게 합격점을 받을 수 있는 아이가 대체 몇 명이나 될까? 아마 만 명 중에 한 명 있을까 말까 할 것이다. 그러다 보니 조금이라도 뒤처지는 아이들이 희생될 수밖에 없는 게 현실이다. 1퍼센트를 위해서 99퍼센트가 희생되고 있는 것이다. 얼마 전 의미심장한 연구 결과를 봤다. 우리와 같은 핏줄을 갖고 태어나 러시아의 우즈베키스탄 지역에 살고 있는 이른바 '카레이스키' 청소년들과 서울에 살고 있는 청소년들의 정신 건강을 비교한 연구였는데, 결과는 서울에 사는 아이들이 카레이스키 아이들보다 몇 배나 우울증이 더 많은 것으로 나타났다. 같은 핏줄임에도 서울에 태어났다는 이유로 더 불행하게 살아가고 있는 게 우리 아이들인 것이다.

우울증의 대표적인 증상은 '희망 없음'이다. '아무리 해도 안 되는데 왜 해야 하나, 하더라도 무슨 소용이 있을까' 하는 마음이 우울증이다. 초등학교 아이들을 지금처럼 들볶으면 당연히 청소년기에 우울증이 많아지게 된다. 초등학교 저학년 때는 웬만큼 했던 아이들이 점점 학년이 올라가 공부량이 많아지면서 좌절을 겪고, 자신감을 완전히 상실해 공부도 못하고 성격마저 나빠진 사례는 우리 주위에 얼마든지 있다. 그렇게 사춘기를 보내면 엄마 아빠가 싫고, 공부가 싫고, 인생이 재미없고, 가끔 죽고 싶을 때도 생기면서 고통스런 학창 시절을 보내게 된다. 아무리 힘들어도 위로해 주는 사람 하나 없고, 무조건 더 잘하기만을 요구하는 현실 속에서 우리 아이들이 어떻게 행복할 수 있겠는가.

당신의 아이는 현재 어디에 속하는가?

지금 우리 아이들은 불행하다. 사회의 높은 기준과 어른들의 일류 대학 강박 관념이 아이들을 불행하고 우울하게 만들고 있다. 우울한 상태에서는 절대로 공부를 할 수가 없다. 사는 이유조차 모를 지경으로 마음이 피폐해져 있는데 어떻게 새로운 지식을 받아들이겠는가.

아이가 '정상'인지, '비정상'인지는 부모가 보기 나름이다. 부모가 아이를 정상의 눈으로 보면 아이는 정상으로 자라고, 그렇지 않으면 비정상으로 자란다. 그래서 내 아이에게는 내 아이만을 위한 잣대가 필요하다.

'남들도 다 하는데'라는 생각 때문에 내 아이에게 맞지 않는 기준을 들이대면 아이는 상처만 받을 뿐이다. 게다가 그 '남들도 다 하는데'라는 기준은 아주 소수의 특별한 아이만을 위한 것일 수 있다. 물론 부모들은 자신의 아이가 1퍼센트 남짓한 특별한 아이에 속하길 바란다. 아니 적어도 그 근처에 있어야 행복해질 수 있다고 생각한다.

하지만 현실은 그렇지 않다. 오히려 부모의 그러한 욕심이 현재 99퍼센트에 속한 내 아이가 가진 잠재력의 싹을 짓밟는다. 그 결과 99퍼센트의 아이들은 말없는 항변, 즉 희망 없음이라는 우울 증세에 시달리고 있다. 지금 우리 아이들에게 필요한 것은 살아남을 놈만 살아남으라고 절벽에서 새끼를 밀어뜨리는 모진 사자 엄마가 아니다. 이 험한 세상에서 이제 첫발을 내딛기 시작한 우리 아이들에게는 따뜻하게 손잡고 함께 나갈 현명한 엄마가 필요하다. 그 현명함은 남의 말, 남의 기준에 흔들리지 않고 내 아이가 펼쳐 갈 행복만을 생각하는 데에서 비롯된다.

아이가 문제를 일으키는 진짜 이유

나는 초등학교에 다닐 때 결코 모범생이 아니었다. 오히려 버릇없는 아이에 가까웠다. 가라는 피아노 학원은 안 가고 만화 가게에서 실컷 만화책을 보고 왔으면서도 엄마가 잘 다녀왔느냐고 물으면 뻔뻔스럽게 "네!" 하고 거짓말을 했고, 군것질을 하고 싶어 돈이 필요하면 몰래 엄마 지갑에서 100원짜리를 꺼내기도 했다.

수업 시간 내내 집중해서 앉아 있던 기억도 별로 없다. 선생님 말이 재미없으면 금방 딴 생각을 했다. 어제 봤던 책 내용도 생각했다가 교실을 이리저리 둘러보기도 했고, 그러다가 친구랑 눈이 마주치면 씩 웃으면서 윙크를 하기도 했다. 그래도 심심하면 책상 위에 지우개를 문질러서 '지렁이 만들기'에 열중하기도 했다.

선생님 말을 듣지 않아서 혼나기도 했고, 맞거나 벌을 선 적도 많았다. 그로 인해 우울하고 기분이 나쁘면 친구랑 수다를 떨었고, 학교 앞 분식점에서 옹기종기 모여 떡볶이를 사 먹었다. 아주 심하게 야단을 맞으면 음악을 듣거나 책을 읽었다. 이렇게 한바탕 놀고 나면 어느새 울적한 마음은 없어지고, 언제 혼났느냐는 듯 다시 즐거워졌다.

지금 생각해 보면 그 모든 행동은 내가 학교에서 받은 스트레스를 나름대로 해소하면서 학교라는 틀에 적응하는 방법이었다. 넘지 말아야 할 선을 지키면서도 내가 하고 싶은 일을 교묘히 함으로써 약간의 쾌감을 맛보기도 했던 것 같다. 그리고 그런 나의 행동이 학교에서나 집에서나 어느 정도 허용되었기에 그 빡빡한 학교생활을 비교적 성공적으로 할 수 있지 않았을까.

아이가 문제를 일으키는 것은 당연한 일이다

종종 "아이가 얼마나 뺀질대고 개기는지 아주 힘들어 죽겠어요"라고 하소연하는 엄마를 만난다. 그런데 나는 오히려 '뺀질대고 개기는' 능력이야말로 아이가 초등학교에서 얼마나 잘 적응하고 있는가를 보여 주는 아주 중요한 능력이라고 생각한다.

돌이켜 생각해 보라. 원래 인간이 새로운 환경에 적응하는 과정은 결코 쉽지 않다. 크고 작은 문제들이 생기기 마련이다. 어른들도 생각해 보면 대학에 처음 들어갔을 때, 직장에 처음 들어갔을 때, 결혼해서 처음 시댁에 갔을 때가 제일 두렵고 힘들지 않았던가. 어른들도 새로운 환경에 적응하는 게 이렇게 어려운데, 세상에 태어나 처음으로 '적응'이라는 숙제를 받은 아이들이 힘들어하는 건 지극히 당연한 일이다.

아동발달학자 피아제는 아이들은 만 6~7세가 되어야 자기중심적인 생각에서 벗어나 남의 입장에서 생각할 줄 알게 된다고 했다. 즉 초등학교에 갓 입학한 아이들은 이제 한창 남을 생각할 줄 아는 능력을 발달시키고 나름대로 적응하는 법을 배우고 있는 것이다. 그리고 특별한 병이 없는 한 대개의 아이들은 학교에서 받은 스트레스에 짓눌리지 않고 나름대로의 돌파구를 찾아 학교생활에 적응한다. 그러므로 '뺀질대고 개긴다'는 것은 그만큼 환경이 주는 스트레스에 굴하지 않고 적극적으로 환경을 이용함을 뜻한다.

그처럼 적응력이 뛰어난 아이들은 나의 욕망과 외부의 요구가 다를 때 외부의 요구를 받아들이면서도 자신의 욕망을 완전히 눌러버리지 않는다. 대신 어떻게 해야 자신의 욕망이 받아들여질지 끊임없이 탐색한다.

이런 아이들은 "공부해"라는 소리에 도망가지만 학교 숙제는 혼나지 않을 정도로 해 놓는다. 학원도 엄마 모르게 적당히 한두 번 빠지지만 중요한 시험은 스스로 챙길 수 있다. 밀린 학습지를 폐품으로 팔아서 자기가 좋아하는 책을 사며, 숙제 발표를 시키면 숙제를 해 온 척 천연덕스럽게 즉석에서 발표할 수 있다. 그리고 오히려 그렇게 융통성 있게 꾀를 부릴 수 있는 아이들이 고학년에 올라가면 잘한다. 빡빡하고 재미없는(?) 학교생활에 적응하는 법을 나름대로 터득했기 때문이다.

너무 착한 아이가 오히려 문제아일지도 모른다

심리학자 카를 융은 사람들에게 두 가지 얼굴이 있다고 했다. 하나는 내면의 '진짜 자아'이고 또 하나는 외부 사회에 적응하기 위한 가면 같은 얼굴, '페르소나'다. 페르소나, 즉 밖으로 보이는 모습은 이렇게도 설명해 볼 수 있다. 예를 들어 젊은 의사가 한눈에 반할만큼 아름다운 여인을 환자로 맞이했다고 치자. 그녀에게 데이트를 신청하기 전에 우선 "어디가 아프십니까?"라고 물을 수 있는 건 바로 이 페르소나가 있기 때문이다. 사람들은 자라면서 사회에 적응하기 위해 여러 종류의 가면이 필요하다는 사실을 깨닫고, 밖으로 보이는 페르소나와 진짜 자아를 구별하여 갖추게 된다.

초등학교 시기는 이처럼 내면에 진짜 자아를 가지고 있으면서 페르소나, 즉 밖으로 보이는 자아를 여러 방법으로 자유롭게 발달시키는 때다. 소설가 최인훈이 '우리는 모두 광장에 살고 있다'라고 인생사를 아주 명쾌하게 비유했는데, 바로 초등학교 때 우리는 처음으로 광장에 서는 작업을 하는 것이라 볼 수 있다.

그래서 아이들은 여러 가지 시도를 해 본다. 자기가 하고 싶은 것을 얼마나 내보여야 하는 건지, 어느 정도의 행동까지 허용이 되는지, 다른 사람과의 거리는 어느 정도여야 하는지를 탐색하면서 시행착오를 거친다. 그 시행착오가 뺀질대기와 개기기, 문제 행동, 나쁜 버릇 등으로 나타나는 것이다. 그러므로 아이들이 초등학교 때 보이는 대부분의 문제 행동이나 나쁜 버릇은 아이가 학교라는 꽉 짜인 틀에 적응하는 과정인 것이다.

그런 의미에서 보자면 오히려 하라는 것만 하는 이른바 착한 아이는 어쩌면 자신의 욕망을 극도로 억압하고 있는 '모범생 괴물'일지 모른다. 아니면 스스로 하고 싶은 것이 무엇인지 잘 모르는 미성숙한 아이거나 말이다.

초등학교 시절에 생긴 버릇은 나중에 좀처럼 바뀌지 않는다는 건 어느 정도 맞는 이야기다. 하지만 아이가 엄마 마음대로 움직이지 않는다고 모두 나쁜 버릇으로 몰아가면 아이의 행동은 정말 그렇게 굳어지게 된다. 그러므로 아이가 문제를 일으켰다고 해서 당장 버릇을 고쳐야겠다고만 생각하지 말기 바란다. 때때로 '아이가 요즘 학교 다니는 게 힘들구나. 그래서 좀 덜 힘든 방법을 찾아 적응하는 거구나' 하는 눈으로 볼 수 있어야 한다. 그럼 아이의 문제 행동에 안달복달하지 않고 한두 번 눈감아 줄 여유가 생길 것이다.

아이의 인생을 좌우하는 키워드, 자신감

언젠가 신문에서 중·고교 시절엔 학업 성적이 높던 학생이 대학에 가서는 좀처럼 맥을 못 추는 경우가 종종 있다는 기사를 봤다. 그런데 재미있는 것은 특히 서울의 강남 지역 출신 학생 중에 그런 사례가 많으며, 이는 다른 지역 학생들보다 족집게 과외 등 의존적 학습에 많이 길들여진 탓이란다. 그 기사를 읽고 있는데 미국에서 만난 한 아이 엄마가 떠올랐다.

미국에서 열리는 학회에 정모를 데리고 간 적이 있다. 학회에 참석하고 난 뒤 시간이 남아 어떻게 할까 고민하고 있는데 우연히 한국에서 왔다는 한 엄마를 만나게 되었다. 여행차 미국에 왔는데 아이랑 같이 왔다고 했다. 마침 아이가 정모 또래 여자 아이라 이런저런 얘기를 나누면서 시간을 같이 보내게 되었다.

그런데 정모와 그 여자 아이가 노는 모습은 참 달랐다. 정모는 영어 한마디 못하면서도 어느새 놀이터에서 만난 외국 아이들을 모아 놓고 태권도를 가르쳐 준다면서 '얍, 얍' 하고 있는데, 여자 아이는 그 속에 쉽게 어울리지 못하고 약간 떨어져 새침하게 앉아 금방 울 듯 입을 삐죽거리고 있었다. 놀이터에서 아이를 돌보고 있는 베이비 시터들에게 말을 걸 때도 정모는 거리낌 없이 다가가 말도 안 되는 영어와 과장된 몸짓을 섞어 가며 "화장실 어딨어요?"를 물어 답을 알아내는데, 그 아이는 정모 뒤만 졸졸 따라다닐 뿐 스스로 물어보지는 못했다. 정모가 위인 이름 대기, 식물 이름 대기, 동물 이름 대기 등을 하고 놀자고 해도 여자 아이는 별로 내켜 하지 않았고, 놀이를 할 때에도 정모처럼 거기에 푹 빠져서 재미있게 노는 것이 아니라 조금만 막히면 "나 안 헤. 다른 거 하자" 하고 징징거렸다.

그 여자 아이는 정모보다 훨씬 비옥한(?) 교육 환경에서 자란 아이였다. 아주 어릴 때부터 수백만 원이 넘는 개인 교습을 몇 개씩 받았고, 영어 유치원도 일찍부터 다녔다. 그런데도 새로운 환경에 던져졌을 때 전혀 주눅 들지 않고 늠름하고 씩씩하게 헤쳐 나가는 건 정모 쪽이었다.

여자 아이의 엄마는 정모의 모습을 보고 '똑똑하다'는 찬사를 아끼지 않았다. 그러더니 내게 도대체 아이에게 뭘 시켰느냐고 물었다.

"글쎄, 하는 거 별로 없는데요. 두어 달 전부터 자기 친구들이 한다고 해서 일주일에 한 번씩 논술을 하긴 하는데…….”
"아, 우리 애는 논술을 안 시켜서 그렇군요."
내가 말을 마치기도 전에 정모와 자기 아이의 차이를 '논술 과외'를 시켰는지의 여부로 단정 짓는 그녀를 보고 나는 그제야 여자 아이의 문제가 무엇인지 알 수 있었다.

그 아이는 선생님이 없으면 공부를 못한다는 이른바 '티처 보이(teacher boy)'의 길을 가고 있었다. 엄마는 아이가 할 공부를 학원과 과외로 제공해 주고, 아이는 주어진 길을 달려가긴 하지만 혼자서는 공부에 손도 못 댄다는 '티처 보이'. 그 아이가 부족한 것은 바로 자신감이었다. 자신감이 없으니 스스로 문제를 해결하지 못하고, 조금만 어려운 일이다 싶으면 징징거리고 도망가는 것이었다.

자신감이 없는 아이들이 공부를 잘할 수는 없다. 생각해 보라. '나는 할 수 있다'고 덤비는 아이가 잘하겠는가, '해도 잘 안 될 텐데'라고 망설이는 아이가 잘하겠는가. 게다가 최근 연구에 따르면 자신감이 있고 없고에 따라 뇌 용량에도 차이가 난다고 한다.

캐나다에 있는 한 대학에서는 노인 92명을 자신감이 있는 사람과 그렇지 않은 사람으로 나누어 뇌의 기능과 크기 변화를 15년 동안 추적했다. 그 결과 자신감이 적은 사람이 그렇지 않은 사람에 비해 뇌의 크기가 20퍼센트 정도 작고 기억력과 학습 능력도 현저히 떨어짐을 증명해 냈다. 공부를 잘하는 아이가 자신감이 넘치는 것이 아니라 자신감이 넘치는 아이가 공부를 잘하는 것이다.

그럼 앞의 여자 아이에게 '논술 과외'를 시키면 아이의 자신감이 올라갈 수 있을까? 아니다. 요즘 엄마들 중에는 아이들의 기를 살리고 자신감을 키우기 위해 빚을 내서 명품 옷을 사 입히거나, 초등학교 입학 전에 성형 수술을 시키는 엄마도 있다고 한다. 하지만 명품 옷과 성형 수술은 결코 아이의 자신감을 키워 줄 수 없다. 그건 겉으로 보이는 '가짜 자신감'일 뿐이다. 자신감은 스스로에 대한 평가, 즉 '나는 꽤 괜찮은 사람이다(I'm an important person)'라는 생각이 있어야 한다. 그래야 '나도 할 수 있다'는 진짜 자신감이 생긴다. 그러려면 부모는 다음의 두 가지를 꼭 염두에 두어야 한다.

1. 스스로 한 일을 높이 평가해 주어라

미국에서 내로라 하는 큐레이터 중에 토머스 호빙이라는 사람이 있다. 호빙의 원래 전공은 미술이 아니었다. 그는 프린스턴 대학에 다닐 때 그 어떤 공부에도 취미를 느끼지 못해 낙제를 거듭하여 퇴학당하기 일보 직전에 처했다. 마지막으로 조각과를 택했는데 첫 강의 시간에 교수가 이상하고 매끈하게 생긴 쇠로 만든 물체를 가지고 들어왔다. 그러고는 학생들에게 "이 물체의 예술적 가치를 논하라"고 했다. 다른 학생들은 모두 "조화로움을 상징한 물건이다", "자유를 표현한 것 같다" 등등 거창한 비평을 곁들이며 말했다. 그런데 호빙은 한참 망설이다 자기가 느끼고 생각한 것을 우물쭈물 말했다.

"손잡이와 집게가 있는 것이 꼭 무엇인가를 집을 때 쓰는 것 같습니다. 또 재질이 매끈한 것은 녹이 슬지 않게 하기 위해 그렇게 만든 것 같습니다. 예술 작품이라기보다 어디에 쓰는 도구 같습니다."

호빙의 말에 모두들 웃음을 터뜨렸다. 하지만 선생님은 "호빙의 말이 맞다. 이건 바로 산부인과에서 수술을 할 때 쓰는 도구다"라며 그의 안목이 정확했음을 칭찬했다. 호빙은 이 일을 계기로 자신감을 갖게 되었고, 미술을 전공하여 유명한 큐레이터가 되었다.

세상에서 제일 무서운 것은 바로 스스로에 대한 평가다. 엄마에게 도움을 받아 해 간 숙제로 큰 박수를 받았다 치자. 과연 아이는 그 일로 자신감을 가질 수 있을까? 비록 겉으로는 칭찬받는 1등일지 몰라도 속으로는 '이건 내가 한 게 아닌데'라고 생각할 것이다. 아주 작은 일이라도 스스로 한 것을 인정받았을 때에만 '진짜 자신감'을 가질 수 있다. 그래야 자신이 한 일을 두고두고 뿌듯해하면서 스스로 '나는 꽤 괜찮은 사람이야'라는 생각을 키워 나갈 수 있다. 또 작은 실패를 겪더라도 '까짓, 다시 하면 되지'라는 생각도 할 수 있게 된다.

2. 아이의 개똥철학을 받아 주어라

저학년 때까지 아이들은 엄마 아빠의 말을 절대적으로 옳다고 생각하고 따른다. 그런데 고학년이 되면 부모의 말에 슬슬 반기를 들기 시작한다. 부모가 하는 말에 '정말?'이라는 꼬리표를 붙이고 자신의 논리를 펴는 것이다. 만약 부모가 "거짓말하지 말아라" 하고 말하면 "거짓말을 해야 하는 상황도 있다", "엄마도 어떤 때는 거짓말하지 않느냐"고 반박한다.

우리 아이도 그랬다. 큰아이 경모는 4학년이 되면서 어느 날 갑자기 나에게 "엄마, 신발 좀 그만 사세요"라고 했다. 신발이 낡지도 않았는데 도대체 왜 신발을 계속 사느냐는 거였다. 그뿐만 아니라 내가 아침에 늦게 일어나는 아이를 깨우면서 출근 시간에 쫓겨 잔뜩 화가 난 소리로 아이를 닦달하면 "그런다고 상황이 바뀌나요? 엄마는 성질을 좀 죽이세요"라고 태연하게 반박하곤 했다.

솔직히 처음에 경모가 나에 대해서 평가하고 반박할 때 조금 당황스러웠다. 하지만 잘 들어 보니 그 말에 '내용'이 있었다. 저학년 때는 불만이 있어도 "에이 씨" 하고 말았는데 고학년이 된 어느 순간부터 감정만 가지고 말하는 것이 아니라 자기 생각을 말하고 있는 거였다. 즉 이건 이렇고 저건 저렇다라고 말할 정도로 사고력이 발달한 것이다.

그처럼 아이가 개똥철학을 펼칠 때 어떻게 답하느냐에 따라 아이의 자신감을 키울 수도, 무너뜨릴 수도 있다. 그래서 나는 "그래, 그런 건 엄마가 고쳐 보도록 노력할게" 혹은 "그건 엄마가 이래서 그래"라고 설명하며 이해시키려 노력했다.

그러자 경모는 자신의 말을 존중하는 부모에게 '말하는 재미'를 붙였다. 자기 반에 어떤 여학생이 있는데 다른 아이가 그 아이를 좋아한다(그런데 자세히 들어 보면 경모 자신의 이야기인 경우가 많았다), 엄마가 권해 준 책을 봤는데 별로 재미가 없더라, 학원 선생님 가운데 어느 어느 선생님이 잘 가르치더라, 하지만 어떤 점이 나쁘더라 등등 엄마 아빠에게 수다스럽게 이것저것 이야기하는 것이다.

만약 내가 경모의 개똥철학을 진지하게 듣지 않고 잘 대응하지 않았다면 경모와의 관계가 엉망이 되었음은 물론 아이가 자신의 논리에 대한 자신감을 갖지 못했을 것이다.

어쩌면 아이들의 첫 논쟁 상대는 부모일 수 있다. 아이가 모처럼 자기 의견을 꺼냈는데 반박당하고 무시당하면 '아, 내 말은 받아들여지지 않는구나'라고 생각하고 좌절하게 된다. 게다가 아이들은 '적어도 엄마 아빠는 나를 이해해 주겠지'란 생각을 갖고 있기 때문에 그 상처가 의외로 깊을 수 있다.

공부 잘하는 아이의 가정환경을 살펴보면 가정이 화목하고 자아상이 긍정적인 경우가 많다. 아이 스스로 우리 집이 화목한 가정인지 아닌지 판단하는 것은 보통 초등학교 고학년 때다. 이때 부모가 자신의 말을 잘 들어 준다면 아이는 평생 '우리 집은 화목했다'라고 기억한다. 그 기억은 아이가 사회에 나가 다른 사람과 관계를 맺고, 험한 세상을 헤쳐 나가는 데 꼭 필요한 자신감의 튼튼한 뿌리가 된다.

나는 자신감, 즉 자신에 대한 긍정적인 믿음이야말로 인생을 진정한 성공과 행복의 길로 이끈다고 믿는다. 세상 사람들이 흔히 말하는 돈과 명예, 외모 등은 그에 비하면 한낱 껍데기에 불과하다. 자신감의 힘은 끝이 없을 정도로 무한하다. 당신은 지금 아이의 인생을 좌우할 만큼 중요한 자신감을 키우고 있는가, 죽이고 있는가.

초등학생에게
꼭 가르쳐야 할
한 가지

 경모가 초등학교 6학년 때 일이다.

"엄마, 이번 생일에는 친구들을 집으로 초대해서 파티를 하면 안 될까요?"

"뭐라고 경모야?"

경모 입에서 나온 이야기를 듣고 나는 순간 내 귀를 의심했다. 그동안 경모에게 생일 파티를 얼마나 해 주고 싶었던가. 그럴 때마다 쑥스럽고 창피하다며 그토록 거부하던 생일 파티를 경모 스스로 하겠다니, 나는 감격해서 눈물이 다 날 지경이었다.

그도 그럴 것이 경모는 어려서부터 다른 사람과 어울리기보다는 자기 세계에 빠져 지내는 걸 더 좋아했다. 그래서 모형 자동차 조립

하기, 퍼즐 맞추기는 시간 가는 줄 모르고 재미있게 했지만 친구들과 놀이터에서 뛰어노는 건 별로 좋아하지 않았다.

이런 경모가 친구들을 초대하고 싶다고 말한 것이다. 나는 반색을 하면서 "그러렴. 네 마음껏 초대해 봐"라고 허락했다. 하지만 사실은 속으로 약간 불안한 생각도 들었다. 5~6학년이 되면서 경모가 조금씩 친구들을 좋아하게 된 건 사실이지만, 생일 파티를 할 정도라고는 확신하지 못했기 때문이다.

친구들을 초대해 파티를 하는 건 생각보다 어렵다. 우선 아이들을 공식적으로 초대해야 하고, 초대해서 함께 놀 거리를 생각해야 하고, 나름대로 집 안 장식도 해야 한다. 그 과정에서 갑자기 아이들의 주목을 받는 게 싫어질 수도 있고, 준비하는 과정 자체가 귀찮아질 수도 있다. 또 '아이들이 안 오면 어쩌지'라는 불안감 때문에 지레 겁먹을 수도 있다. 만약 경모가 이런 과정을 모두 겪으면서도 생일 파티를 무사히 열게 된다면 나는 만세를 부를 수 있을 것 같았다.

그런데 놀라운 일이 벌어졌다. 경모가 자기 생일에 초대하기 위해 아이들에게 일일이 생일 초대장을 써서 메일로 보내더니 그것도 모자라 전화해서 메일을 받았는지 확인한 다음 꼭 오라고 다시 청하는 게 아닌가. 경모가 영 어색해하던 여자 아이들한테까지 말이다. 그뿐만 아니다. 유례없이 화려한(?) 생일을 보낸 경모는 얼마나 좋았는지 다음날 친구들에게 전화를 걸어 "와 줘서 고맙다"라고 인사까지 했다.

그 모습을 보고 나는 밤에 잠이 다 안 올 정도로 기분이 좋았다. 우리 아이가 드디어 사람을 좋아하는구나, 초등학교 6년이 고생스럽긴 했어도 이런 보람이 있구나 하는 생각에 눈물이 핑 돌았다.

경모에게 가르쳐 주고 싶었던 것

경모가 초등학교에 입학했을 때 나는 무엇보다도 사람과 더불어 사는 것이 즐겁다는 것을 가르치고 싶었다. 사람들과 어울리지 못하고 환경에 잘 적응하지 못하면 인간의 삶의 기초인 가정생활과 직장생활을 제대로 해낼 수 없기 때문이다. 공부 못하는 사람은 살 수 있어도 사람과 어울려 살지 못하는 사람은 살기 어렵다는 건 그래서 나온 말이다.

나는 경모가 친구들을 좋아하고, 학교를 좋아하고, 좋아하는 과목이 생기기만을 바랐다. 경모가 4학년이 될 때까지 성적이 들쭉날쭉해도 크게 마음 쓰지 않은 것은 그런 이유였다. 아이가 친구와 선생님과 잘 지낼 수만 있다면 성적은 나중에 올릴 수 있다는 믿음이 있었던 것이다. 공부도 욕심을 낼 때가 따로 있는 법인데 경모는 아직 때가 되지 않았다고 판단했다. 그리고 그때는 바로 아이가 학교생활을 즐겁게 하는 순간이라고 보았다. 공부는 나중에 더 잘할 수 있지만 초등학교에서 사람과 어울리지 못하고 세상을 싫어하게 되면 그걸 만회하기란 쉽지 않기 때문이다.

세상을 좋아하면서 공부에도 욕심이 생긴 경모

하지만 아무리 기다려도 경모가 친구들을 좋다고 말하는 때는 쉽게 오지 않았다. 학원을 보내도 친구들이 떠들고 귀찮게 한다고 그만두기 일쑤였고, 학교에서 친구들과 치고받고 싸우는 일도 잦았다. 선생님 말을 안 들어서 벌서는 일, 지각하는 일이 다반사였다.

기다리던 변화는 서서히 찾아왔다. 언제부턴가 엄마 아빠와 다니는 것보다 친구들과 다니는 것을 좋아하면서 경모는 싫어하는 것도 참고 할 줄 알게 되었다.

어느 날은 학교 학예회가 있었는데 경모네 반에서 단소 합창을 하기로 한 모양이었다. 경모는 6년 동안 단소 불기를 너무나 싫어해서 단 한 음도 내지 못했다. 그런데 선생님이 "단소 소리 못 내는 아이는 학예회 때 단상에 못 올라간다"라고 엄포를 놓자, 경모는 혼비백산해서 6년 동안 손도 대지 않던 단소를 입에 물었다.

저학년 때는 하고 싶지 않은 자신의 기분만 생각해서 '이런 거 왜 시키지?' 하고 안 해 버렸을 테지만 사람을 좋아하게 된 경모는 '창피하다'는 생각도 하게 되었고, '나도 친구처럼 불고 싶다'는 욕심도 생긴 것이다. 억지로 하는 것보다 이 얼마나 자연스럽고 건강한 생각인가.

공부에 대한 생각도 바뀌었다. 중학교 입학을 앞둔 경모에게 앞으로의 계획을 물어보았다.

"너 이제 중학교 들어가는데 성적은 어느 정도 나올 거 같니?"

"1등이오."

"1등하기 쉽지 않은데 할 수 있겠니?"

"까짓 해 보지요, 뭐."

'까짓 해 보지요'라니, 이만한 자신감은 웬만큼 공부 잘하는 아이가 아니고서는 보이기 힘들다. 게다가 경모는 그전에 한 번도 공부를 잘해야겠다는 생각을 해 본 적이 없는 아이였다. '못하면 어때', '하기 싫으면 안 하지'가 공부에 대한 경모의 기본 태도였다. 경모는 싫어하는 과목에서 0점을 받아 와도 전혀 창피하다거나 속상해하지 않았다.

그런데 경모는 지금 '한 번 해 보자'라고 말하고 있었다. 그건 1등을 하기 위해 필요한 지식들보다 더 소중한 것이었다. 인간에 대한 기본적인 신뢰와 자신감, 즉 '나는 남한테 인정받을 수 있는 사람이구나. 공부를 좀 못해도 나를 좋아하는 친구가 있구나. 좀 더 잘해서 더 인정받아야지' 하는 마음 말이다. 경모의 말을 듣고 나는 공부 잘하는 아이보다 세상을 좋아하는 아이로 만들고자 했던 내 선택이 확실히 옳았음을 느낄 수 있었다.

영화 〈아이덴티티〉에서 얻은 교훈

언젠가 〈아이덴티티〉라는 영화를 본 적이 있다. 어렸을 때 엄마에게 버림받은 남자가 다중인격을 가진 범죄자가 되는 과정을 그린 영화였다. 그 남자의 심리에는 약 10명의 인격이 공존하고 있었다. 그는 살인죄로 수감되어 있으면서 여러 인격을 하나로 통합하는 정신 치료를 받고 있었는데, 치료가 진행되면서 그 많은 인격이 사라지거나 통합되었다. 그런데 끝까지 남아 그를 지배한 인격은 바로 어릴 때 엄마에게 버림받은 아이의 인격이었다.

얼핏 보면 그저 재미있는 심리 스릴러일 수 있는 이 영화는 정신과학적으로 중요한 진실 하나를 담고 있다. 어떤 경험이든 어린 시절에 한 것일수록 사람 인생에 광범위한 영향을 미친다는 진실 말이다.

그래서 아이가 어렸을 때 가족과 관계를 어떻게 맺었느냐에 따라 아이의 성장 발달이 크게 달라진다. 적어도 유치원 시절까지는 그렇다. 만 6세, 즉 유치원 시절까지 아이에게는 엄마 아빠의 평가가 최우선이다. 아무리 친구들과 선생님이 뭐라고 해도 엄마 아빠가 "이야, 우리 ○○ 제일 잘한다" 하고 손가락을 치켜들면 만족스러워한다.

하지만 초등학교에 들어가 한 해 두 해 지나면 가족을 제외한 타인의 존재를 확실히 인정하게 된다. 이때가 되면 아이는 엄마 아빠의 평가가 주관적일 수 있다는 사실을 깨닫고 "어, 엄마는 그렇게 말하지만 다른 친구는 나보고 안 예쁘대"라고 말할 줄 알게 된다. 타인과 자기를 비교해서 조망하는 능력이 생기는 것이다.

그러므로 초등학교 시기는 한 아이가 가족이 아닌 타인들과 관계를 맺으면서 객관적으로 자기를 바라보고 평가하는 인생 최초의 시기라고 볼 수 있다. 그러니 초등학교 시절에 사람을 안 좋아하게 되면 그걸 평생 어떻게 고칠 수 있겠는가.

초등학교 때 '다른 사람들한테 나는 인기가 없구나', '친구들이나 선생님과 함께 살아가는 게 이렇게 괴롭구나'라는 생각을 하기 시작하면 공부는커녕, 세상살이에 꼭 필요한 자신감을 상실해서 주눅든 인생을 살아갈 수밖에 없다.

초등학생에게 꼭 가르쳐야 할 한 가지

누가 나에게 "초등학생에게 꼭 가르쳐야 할 한 가지는 무엇일까?"를 묻는다면 나는 망설이지 않고 '세상을 좋아하는 아이로 만들기'라고 말할 것이다. 그 세상은 친구와 가족, 선생님은 물론 공부도 아우른 세상이다.

초등학교 시절을 보내면서 '아, 세상은 참 재미있고 좋은 곳이구나'를 느낀 아이와 '아, 사는 게 왜 이렇게 힘들고 재미없지'를 느낀 아이는 인생 자체가 달라진다. 세상을 재미있다고 생각하는 아이는 힘든 상황에서도 적극적으로 자신이 할 일을 개척해 나간다.

세상은 점점 살기 힘들고 경쟁적으로 변해 간다. 그럴수록 개인에게 요구되는 능력은 더 많아진다. 이제 '유능한 인재'란 지식을 많이 아는 사람이 아니라 세상의 변화를 주시하고 그에 맞게 자신의 능력을 적극적으로 개발할 수 있는 사람을 뜻한다. 사법 시험에 통과하기만 하면 부와 명예가 함께 주어지던 시대는 갔다. 이제는 같은 변호사라도 자신만의 특별한 장점을 개발한 사람만이 살아남을 수 있다.

우리 아이들을 미래 사회에서 생존하게 하려면 부모는 아이가 세상에 대한 호기심을 잃지 않고 세상을 좋아하도록 만들어야 한다. 그리고 그것은 이제 세상에 첫발을 내디딘 초등학교에서만 가능하다. 우리 아이들이 그 세상에서 남과 어울려 사는 것을 즐기고 그 속에서 자신의 발전을 이룰 수 있다면 그것보다 더 바랄 것은 없다.

초등학교 저학년 때는 성격이 좋은 아이로 만드는 게 먼저다. 고학년이 되고 중학교에 간다고 '저절로' 아이 성격이 좋아지지는 않는다. 초등학교 저학년 때 비딱한 아이들은 고학년, 중학생이 되면 틀림없이 공부하는 것도 힘들어하게 되어 있다. 그러니 지금 아이 성격에 문제가 있다면 그것보다 더 큰 문제는 없다.

PART **2**

행복한 아이로 키우고 싶다면

아이가 공부를 싫어하는 데는 다 이유가 있다

엄마 손에 이끌려 진료실에 들어온 민수는 초등학교 4학년 치고는 약간 큰 체구의 말이 없는 아이였다. 내 눈을 제대로 쳐다보지 않고 마치 다른 세상에 온 것처럼 멍하니 있는 민수는 얼핏 보기에는 지능이 약간 떨어지고 집중력 장애가 의심되었다.

민수를 심리검사실에 보내고 엄마와 면담을 시작했는데, 엄마는 아이가 통제 불능 상태라고 했다. 3학년 초까지만 해도 괜찮았는데 3학년 후반부터 약간 신경질적으로 변하더니 4학년이 되어서는 아예 학교 숙제도 안 한다는 거였다.

"4학년 때부터는 제가 늘 붙어 있어야 공부를 했어요. 그런데 얼마 전부터 제가 숙제를 체크하려고만 하면 소리를 지르면서 절 때

리더군요. '나 공부 안 해' 그러면서요. 매사에 부정적이고 아주 반항적이에요."

엄마의 말대로 반항아 민수는 평가 공포증과 종이 공포증에 걸린 아이처럼 시험과 관련된 모든 상황을 극도로 싫어했다. 지능 검사 문제지를 주자 민수는 "난 이거 안 해" 하고 문제지를 던져 버렸다. 심지어 평가하는 선생님이 민수의 상태를 기록하는 것도 하지 못하게 했다.

"이거 시험 보는 거잖아요. 이거 다 하면 엄마한테 뭐 뭐 틀렸다고 말할 거죠? 그럼 엄마는 나한테 엄청 화낼 테고, 난 또 매일 이거 해야 하고 그런 거 아니에요?"

결국 시험이 아니라 그냥 노는 거라고 달랜 뒤 책상 위에 놓인 종이를 치우고 나서야 겨우 검사를 해 볼 수 있었다.

놀랍게도 민수의 지능지수는 138이었다. 집중력 장애가 의심될 만한 소견도 전혀 없었다. 그뿐만 아니라 창의력도 좋아 틀에 박힌 답 말고 독창적인 답도 많이 적었다. 이런 민수에게 대체 무슨 일이 있었던 걸까?

아이와 이야기를 시작했다.

"민수야, 학교에서는 뭐가 재밌어?"

"아이들이랑 침 뱉기 하는 건 재미있어요. 친구들이랑 교실 뒤쪽에 나란히 서서 누가 누가 더 멀리 침을 뱉을 수 있는지 내기를 하거든요."

"교실에서 침 뱉으면 선생님한테 혼나지 않아?"

"상관없어요. 신경 안 써요. 어쩌다 재수 없게 침 맞은 애들한테 눈 크게 뜨고 '뭘 봐?' 그러면 돼요."

"학교 갔다 오면?"

"학교 갔다 오면 학원 2개, 과외 1개 해요."

"매일?"

"네."

나는 민수의 스케줄을 믿을 수가 없었다. 초등학교 4학년 아이가 국어와 영어, 수학, 과학 학원에 다니고 있다는 것도 놀라운데 각 과목마다 과외 선생님이 따로 있었다.

이해가 안 가서 민수에게 물었다.

"민수야, 학원을 다니는데 왜 과외는 또 하는 거야?"

"그것도 모르세요? 학원 진도를 따라가야 하니까 그렇죠. 학원 시험을 잘 봐야지 높은 반에 들어갈 수 있거든요."

민수의 말은 계속 이어졌다.

"제가 얼마나 시험을 많이 본 줄 아세요? 지겹게 봤어요. 다섯 살 때부터 했다고요. 영어 학원에서 A, B, C, D 쓰는 것부터요. 난 그때 그거 쓸 수도 없었는데 엄마랑 선생님은 매일 앉혀서 쓰게 하고 틀리면 혼냈어요. 겨우 문제 하나 맞히면 금세 더 어려운 문제를 내면서 풀라고 그랬다고요. 난 이제 공부 절대 안 해요. 내가 무슨 문제 푸는 기계예요?"

민수가 공부를 싫어하게 된 이유

민수의 경우는 원하지 않은 과도한 공부가 똑똑하고 사랑스런 한 아이를 어떻게 망치는지를 극명하게 보여 주고 있다. 민수 나이라면 세상에 대한 호기심으로 한창 즐거워야 한다.

그러나 민수는 외부에서 주어지는 각종 자극에 압도당해 세상을 자유롭게 탐색할 의지를 완전히 잃어버렸다. 워낙 많은 자극을 받다 보니 민수에게 세상은 하기 싫은 공부만 해야 하는 힘들고 재미없는 곳이 되어 버렸다. 그 생각이 극에 달해 이제 가장 친밀한 관계여야 할 부모마저 거부할 지경에 이른 것이었다. 화나고, 억울하고, 괴로워 죽겠는데 학교 공부가 될 리 만무했다.

민수는 머리도 좋고 공부하는 데 아무 문제가 없는 아이였다. 그런데 왜 공부를 싫어했을까? 나는 이런 현상을 '안과 밖의 부조화' 때문이라고 설명한다.

아이들에게는 원래 자신이 가지고 태어난 능력이 있다. 이 능력은 외부의 따뜻한 보살핌과 자극을 받아들이면서 점점 자라난다. 식물을 키우기 위해서 적당한 햇빛과 영양소가 필요한 것과 똑같은 이치다. 그럼 아이의 능력을 키우는 대표적인 영양소는 무엇일까? 첫 번째는 부모 또는 친밀한 사람과의 따뜻하고 지속적인 관계다. 그 속에서 얻는 정서적인 안정은 무엇과도 바꿀 수 없는 가장 큰 영양분이다. 두 번째는 적절하게 주어지는 지적 자극, 즉 공부다.

그런데 이러한 지적 자극은 적당하게 주어져야 한다. 만약 소화할 수 없을 정도로 자극이 과하다면 그것은 아이의 자아를 성장하게 하는 영양소가 아니라 아이를 파괴하는 독소가 된다. 마치 식물에게 너무 많은 물과 영양소를 한꺼번에 공급하면 잘 자라기는커녕 썩어 버리는 것과 같은 이치다.

아이들은 외부의 자극이 너무 많으면 내면에 방어벽을 쌓게 된다. 아예 바깥세상과 담을 쌓음으로써 자신을 보호하는 것이다. 그럼 이 아이는 아무리 공부를 해도 그것을 자기 것으로 소화하지 못한다. 그저 암기 기계가 되고 만다. 사람들과 어울리는 것을 좋아하지 않는 것은 물론 다른 사람의 입장을 고려하지도 못한다. 오직 자기 생각만 주장하고 다른 사람을 배려하지 못하는 '고집 센' 아이가 되는 것이다. 민수가 바로 그런 예였다.

민수가 다시 공부를 하기까지

민수를 위한 처방은 명백했다. 모든 학원을 끊고 지금 사는 강남에서 떠나는 것. 그리고 아이가 스스로 공부하고자 할 때까지 마음껏 놀게 하는 것. 또 아이의 마음을 공격하는 어떤 지적인 자극도 주지 않는 것.

그러나 민수 엄마는 강남을 떠나라는 나의 처방을 받아들이지 못했다.

"애들이 한때 다 그렇죠. 이 순간만 잘 넘기면 돼요. 다른 애들도 다 그렇게 공부하잖아요. 그리고 5~6학년 가서도 잘하려면 지금이 얼마나 중요한데요."

공부 강박에 빠진 모든 엄마가 그렇듯 민수 엄마도 앵무새처럼 '지금이 얼마나 중요한 시기인데'라는 말만 되풀이했다.

아이가 하려 들지 않는데 어떻게 공부를 시킨단 말인가. '중요한 시기'란 대체 무엇을 위한 시기란 말인가. 답답한 노릇이었다. 민수를 예전의 그 공부 잘하던 아이로 되돌리기 위해서라도 과외와 학원을 그만두는 게 낫다는 사실을 엄마는 전혀 인정하지 못했다.

다행히 민수 아빠가 아이를 전학 보내겠다고 했다. 아빠는 착하고 똑똑했던 민수가 어느 순간 반항적이고 냉소적으로 변한 게 너무 속상했는데, 그게 공부 때문이라면 그까짓 공부 안 시키겠다고 했다.

민수는 아빠 덕에 친척집으로 옮기고 그 동네 학교로 전학을 갔다. 그리고 학원은 물론 공부와 관련된 그 어떤 것도 강요받지 않았다. 텔레비전과 컴퓨터를 제외하고 하고 싶은 것을 할 수 있게 되었다.

이사 간 후 민수는 동네 놀이터에서 자기보다 몇 살 어린 동네 꼬마들을 데리고 놀았다. 미끄럼을 타고, 공을 차고, 꼬마들과 가게에서 군것질하는 민수는 나이를 거슬러 올라가 그동안 못했던 것을 차근차근 밟아 내려오는 것 같았다. 그렇게 6개월을 보내고 나서야 드디어 민수는 스스로 숙제를 하기 시작했다. 과도한 공부로 닫혀

버린 마음을 여는 데는 꼭 그만큼의 시간이 필요했던 것이다.

학습에 필요한 세 가지 요소

민수는 흔히 말하는 '머리는 좋은데 공부는 안 하는 아이'였다. 그런데 무엇이 민수로 하여금 공부를 거부하게 만들었을까? 그 이유를 알기 위해서는 공부를 잘하고 못하고를 결정하는 게 무엇인지를 알 필요가 있다.

공부를 잘하기 위해서는 세 가지 요소가 필요하다. 전문 용어로 하면 '인식(recognition)', '전략(strategy)', '정서(affection)'가 그것이다.

인식은 쉽게 말해 '암기'다. 새로운 자극이 주어지면 알아차리고 그걸 외우는 것을 말한다. 그러기 위해 간단한 형태를 판별하고 기억하는 일이 필요하다. 그래서 이 단계는 높은 수준의 사고력이 굳이 필요하지 않다. 아이들이 한글을 공부할 때 'ㄱ'에 'ㅏ'가 붙으면 '가'가 된다는 것은 몰라도 통문자로 '가방'을 보고 대충 그 형태를 기억해 읽는 것이 바로 이 수준의 학습을 했기 때문이다. 공부를 잘하기 위해서는 꼭 필요하고 가장 기초를 이루는 단계다.

전략은 문제를 해결하기 위해 외운 지식을 구성할 줄 아는 것을 말한다. 'ㄱ'에 'ㅏ'를 붙이면 '가'가 되며, 나아가 자음 하나와 모음 하나가 모여 한 글자를 이룬다는 사실을 아는 것이다. 인식 단계에서는 하나를 외우면 외운 그 하나로 끝나지만 전략을 세울 줄 알게 되면 아는 지식을 다른 곳에 적용할 수 있다. 그러면서 가지고 있던 지식이 더욱더 풍부해지게 된다. 이렇게 지식을 바로 가르치는 것이 아니라 스스로 공부하는 방법을 가르치는 교수법을 '런 하우 투 런(learn how to learn)'이라고 하는데, 그 핵심이 바로 전략을 세우는 일이다.

 정서는 감정을 포함한 동기(motivation), 즉 무엇이든 좋아서 하려고 하는 마음을 말한다. 어떤 엄마는 공부와 정서가 무슨 상관이냐고 할 것이다. 그러나 정서적 영역이 무너지면 인식과 전략이 모두 불가능하다. 학습 자극을 능동적으로 받아들이고 자기 것으로 만들기 위해서는 그럴 마음이 있어야 하기 때문이다.

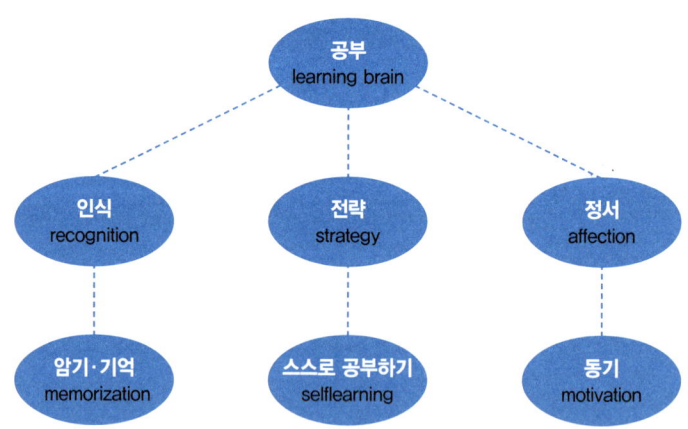

[런 하우 투 런 학습법의 원리]

그런데 이 세 가지 요소는 아이가 초등학교를 다니는 동안 점차적으로 발달한다. 가장 먼저 발달하는 것이 정서인데 초등학교에 들어가기 직전부터 꾸준히 형성된다. 그다음으로 발달하는 것은 인식 능력으로 저학년 때 꽃이 핀다. 그래서 저학년 아이들은 암기의 왕, 분류의 왕으로 부를 수 있다. 전략은 사고력이 필요한 고학년이 되어야 생기는 능력이다. 잘하는 아이들은 초등학교 5~6학년에, 조금 늦는 아이들도 중학교 1~2학년이면 충분히 전략적 학습이 가능하게 된다.

아이들이 공부를 거부하는 이유

문제는 이런 발달을 무시하고 저학년 아이들에게 전략적 학습을 요구하거나 공부할 마음, 즉 정서적 준비가 되어 있지 않은 아이들에게 외우는 공부만 시킬 때 벌어진다.

민수도 마찬가지다. 부모가 인식 부분의 발달만 과도하게 주문한 탓에 민수는 내내 암기 능력만 발달시켰다. 그러는 사이 학습 동기를 불러일으키는 정서적인 영역은 황폐해지고 말았다. 그러니 고학년에 올라가자마자 문제를 보였던 것이다. 민수가 공부할 동기를 잃어버린 것은 선행 학습 때문이었다. 선행 학습은 정서 영역을 완전히 무너뜨린다. 수준에 안 맞는 어려운 공부를 하니까 재미가 없고, 재미가 없으니 공부가 싫어지고, 이해가 안 가니 주어지는 것을 모두 외우는 암기 기계가 되고, 그러니 공부에 수동적이 되는 것이다. 상황이 이 지경이니 4학년에 올라가서 전략적 학습은커녕 아예 학교 가는 것조차 싫어진 것이다.

민수가 인식 위주의 과도한 공부로 정서적 영역을 상실한 예라면, 하고자 하는 마음은 높은데 단순 암기도 힘들어하는 아이도 있다. 집중력 장애를 가진 아이가 그 대표적인 예다. 또 우울한 아이들은 암기도 잘하고 마음만 먹으면 전략적인 학습도 가능하지만 동기가 전혀 없는 경우다.

그러므로 공부를 잘하기 위해서는 이 세 가지가 모두 필요하다. 먼저 동기, 즉 공부하고 싶은 마음이 들어야 하고, 다음으로 암기력과 같은 기초적인 학습 능력이 있어야 하며, 이 두 가지를 토대로 전략적인 공부를 할 수 있어야 한다. 그래야 공부를 잘한다.

공부 많이 한 아이들이 기초 학력 미달?

아마 지금 초등학생 중에는 민수와 같은 이유로 공부를 거부하는 아이가 적지 않을 것이다. 엄마들은 아이가 무조건 공부를 많이 하기를 바라기 때문이다. 하지만 공부를 많이 하면 저절로 공부를 잘하게 될 것이라는 건 엄마들의 착각이다.

서울대학교에서 신입생들의 기초 학력을 조사했더니 무려 25퍼센트의 학생들이 기준 미달이라는 결과가 나왔다. 학교 측은 그런 상태로는 학생들이 대학 강의를 수강하기 힘들다고 판단해 집중적으로 '글쓰기 과외'를 시키기로 했다고 한다. 그 어느 때보다 많은 사교육을 받고 대학에 들어온 아이들이 기초 학력 미달로 특별 과외를 받아야 한다니……. 이는 우리 아이들이 받고 있는 교육이 얼마나 비효율적인지를 단적으로 보여 주는 예다.

초등학생 때부터 많은 양의 지식을 외우는 데에만 길들여진 아이들에게 지식을 자기 것으로 소화해서 비판하는 고등 사고를 요구하는 것 자체가 무리인지 모른다. 땡 하면 학원 가고, 땡 하면 과외를 받고, 땡 하면 학습지를 풀어야 하는 빡빡한 스케줄 속에서 자란 아이들에게 생각할 여유 같은 건 없었을 것이다. 오랜 기간 '생각하는 법'을 배우지 못한 아이들은 결국 무능한 어른으로 자랄 수밖에 없다.

공부 잘하는 아이를 만들고 싶은가? 그럼 아이 학습이 어떻게 이루어지고 있는지를 정확히 들여다보라. 그리고 아이가 공부를 잘하기 위해 진짜 필요한 것이 무엇인지 생각해 보라. 그래야 당신의 아이가 민수처럼 되지 않을 것이다.

아이가 1등 한다고 안심하지 마라

당신은 아이가 1등을 하면 어떤 기분이 드는가? 세상을 다 얻은 것처럼 자랑스러운가? 하지만 당신이 아이의 성적표를 보고 느끼는 뿌듯함이 아이에게는 독이 될 수도 있다. 당신도 모르게 아이에게 1등 하기를 강요하게 될지도 모르고, '1등 아니면 아무것도 아닌 것'으로 아이를 몰아갈 수도 있다. 더 위험한 것은 1등이라는 이유로 아이의 모든 것을 용서하게 된다는 것이다.

천재 혹은 왕따

초등학교 1학년 때부터 굉장히 튀는 아이가 있었다. 선생님이 아이들에게 네모로 이루어진 사물을 그려 보자고 하면 보통 다른 아이들은 텔레비전이나 책상을 그리는데, 그 아이는 별을 그리고 그 안에 네모를 그렸다. 이뿐만 아니라 자신의 독창적인 생각을 손을 들어 발표하지 않으면 못 견뎌 했다. 한 번도 자기가 생각한 것을 그냥 속으로만 생각하고 마는 법이 없었다. 그러자 어느 날부터인가 친구들이 그 아이를 멀리하기 시작했다. 비아냥거리는 노래를 지어 부르며 너무 튀는 아이를 미워하고 따돌린 것이다.

결국 그 아이는 2학년이 되어도 친구 하나 없었고, 선생님마저 아이의 튀는 행동을 지적하게 되었다. 그러자 부모는 오히려 아이를 전학 보내 버렸다. 그리고 천재라고 생각하는 아들의 독창성을 인정하고 존중하기는커녕 놀림거리로 만드는 학교에 대한 심한 분노로 어쩔 줄 몰라 했다.

특히 아이의 엄마는 100퍼센트 선생님과 또래 친구들의 잘못이라고 생각했다. 자기 아이에게 1퍼센트의 문제가 있을지도 모른다는 생각은 하지 못했다. 아이가 이렇게 똑똑하고 창의적인데 무슨 문제가 있겠느냐는 논리였던 것이다.

그러나 그 아이에게 문제가 없는 것은 결코 아니었다. 선생님은 아이가 아이큐는 무척 높은데 사회성이 너무 떨어진다고 전부터 걱정해 오던 차였다. 예컨대 부모가 참관 교육을 오는 날이면 그 아이는 수업 도중에도 자꾸 뒤를 돌아보며 아빠에게 자기 옆에 앉으라고 했다. 수업 시간에 그렇게 하는 것은 잘못된 것임을 일깨워 주어도 그러기를 멈추지 않았다. 공부도 혼자 하는 것은 잘하지만 선생님의 가르침을 받아들이기보다는 자신의 독창적인 세계를 주장하기에 급급했다.

저학년 때 1등이 중요하지 않은 이유

부모라면 한 번쯤 '우리 아이가 왜 그렇게 사회성이 떨어지는 것일까?'라는 의문을 품고 그 이유를 따져 봤어야 옳다. 하지만 '1등이면 되지, 뭘 더 바라느냐'는 1등 지상주의는 부모로 하여금 자신의 아이에게는 전혀 문제가 없다고 생각하게 만들었다. 알고 보니 아이는 유치원 때부터 그렇듯 선생님과 아이들을 당혹스럽게 만든 모양이었다.

그 아이의 문제는 지적 발달과 사회성의 부조화인데, 그것은 중증인 자폐아에게서도 나타나는 특징이다. 맞벌이하는 부모의 자녀 중에 어려서부터 혼자 놀면서 비디오나 블록만 끌어안고 산 아이들도 그런 증상을 보인다. 그런 아이들은 대부분의 시간을 혼자 보내기 때문에 책을 많이 본다. 그러니 또래에 비해 해박한 지식을 가지게 된다. 그것을 보며 부모들은 자기 자식이 똑똑하다고 자랑한다.

아이가 공부만 잘하면 무조건 안심하는 부모들, 그래서 사회성과 공감 능력 등 정서 발달에 문제가 있는데도 그것을 문제라고 여기지 않는 부모들. 그들이 놓치고 있는 중요한 사실은 문제를 보이는 부분이 공부를 잘 못하게 만드는 원인이 될 수도 있다는 것이다.

특히나 사회성이 결여되면 고학년이 될수록 공부를 잘 못하게 되는 경우가 많다. 왜냐하면 그런 아이들은 지식은 많을지 모르나 문제 해결은 잘 못하기 때문이다. 지식과 지식을 통합시키는 법을 잘 모르기 때문에 다양한 지식을 연결시켜 받아들이지 못하고 그럼으로써 문제 해결 능력에 이상을 보이는 것이다. 이는 중학교와 고등학교에 들어가서 복잡하고 추상적인 학습을 해야 할 때 큰 걸림돌로 작용하게 된다. 그러니 초등학교 저학년 때 1등을 했다고 좋아하는 게 얼마나 우스운 노릇인가.

아이를 평가하는 기준, 이렇게 바꿔라

작은아이 정모는 원래부터 남한테 지고는 못 사는 성격이다. 형과의 경쟁의식도 유별난 편이다. 물론 그런 면을 잘 살려 주면 앞으로 자기가 뜻하는 바를 이루어 나가는 데 긍정적인 요인이 될 것이다. 그렇지만 언젠가부터 그런 정모가 걱정이 되기 시작했다. 남한테 지고 난 뒤 받는 스트레스가 너무 크기 때문이다. 정모가 초등학교 3학년 때의 일이다. 친구들과 축구를 했는데 한 아이가 정모에게 너 때문에 졌다고 한마디 했나 보다. 그날 저녁 난리가 났다. 자기한테 모욕을 준 아이가 꼴도 보기 싫어서 학교도 가기 싫다고 했다. 그처럼 정모가 자존심에 조금이라도 상처를 입어 못 견뎌 할 때면 나는 이렇게 말했다.

"못해도 돼. 원래 틀릴 수도 있고, 잘 못할 수도 있는 거야. 그리고 1등 하면 얼마나 피곤한지 아니?"

정모는 자기가 잘해도 내가 별로 칭찬을 안 해 주니까 가끔은 심통을 부리곤 했다. 하지만 나는 일부러라도 정모에게 계속 그런 식으로 이야기했다. 물론 나도 공부를 잘하는 아들이 자랑스럽고 솔직히 안심도 되었다. 그렇지만 열 마디 칭찬을 한마디로 줄이기 위해 애썼다. 초등학교 저학년이 경쟁 스트레스에 시달리는 것이 얼마나 위험한지를 잘 알기 때문이다.

가끔 시험 문제가 안 보인다고 나를 찾아오는 아이들이 있다. 긴장을 해서 가슴이 두근두근 뛰고 시험 문제가 안 보이는 것이다. 그런 아이들은 대부분 경쟁으로 인한 스트레스가 심하고, 실패를 몹시 두려워한다. 시험을 못 보면 어떡하지 하는 불안이 남들보다 심하다. 그래서 과도한 스트레스를 받다 보니 시험 문제가 안 보이는 사태에까지 이르는 것이다.

초등학교 때 1등을 하는 실력이 계속 유지된다면 얼마나 좋을까마는 그건 단지 바람에 불과하다. 현실적으로도 초등학교 때 1등보다 중학교 때 1등, 고등학교 때 1등이 더 유리하고 사회에서 1등을 하는 것이 아이의 인생에서 더욱 중요하다.

그렇게 만들기 위해서는 초등학교 때 1등 한다고 그것을 자꾸 부추기면 안 된다. 오히려 그 뒤를 살펴볼 필요가 있다. 다른 면이 너무 뒤떨어진 것은 아닌지, 경쟁 스트레스가 심한 것은 아닌지 세심한 주의가 필요하다는 얘기다. 과연 내 아이가 지식을 아는 것만큼이나 사회성과 공감 능력 등 정서도 잘 발달하고 있는지 살펴보아야 한다. 지적 능력과 정서의 균형 잡힌 발달, 그것이 초등학생들을 평가하는 가장 큰 키워드이기 때문이다.

성격에 문제가 있다면 그게 더 큰 문제다

너무 산만하다는 이유로 초등학교 3학년 아이를 데려온 엄마가 있었다. 엄마는 아이가 조금도 집중을 못해 공부를 못한다고 했다. 몇 마디 건네 보니 아이는 질문을 잘 듣고 적절하게 대답하는 게 전혀 산만한 증상을 보이지 않았다. 검사에서도 집중력 장애는 없는 것으로 나왔다.

그런데 왜 엄마는 아이를 산만하다고 했을까? 엄마에게 "검사상으로는 산만하지 않은데요. 아이가 보통 언제 산만한 행동을 보이나요?"라고 물었다. 잠시 생각하던 엄마의 입에서 나온 말은 "학습지 할 때랑 숙제 할 때요"였다.

나는 이렇게 말하는 엄마들에게 "당신은 한 시간 이상 꼼짝하지 않고 책을 읽을 수 있느냐?"고 되묻고 싶다. 초등학교 저학년 아이들에게 학습지 공부는 내적인 본성에 정면으로 반대되는 것이다. 아마 초등학생치고 학습지를 하고 싶어서 하는 아이는 1만 명 중 한 명도 안 될 것이다. 하기 싫은 것을 하는데 어떻게 집중할 수 있겠는가. 하물며 어른들도 그렇게 하기 힘든데 말이다. 그래도 혹시 다른 문제가 있을 수 있어 사회성과 도덕성, 공감 능력 등의 검사까지 해 보았다.

그런데 검사를 하면서 나는 계속 고개를 갸웃거려야 했다.

우선 나무를 그리라고 하고 몇 가지를 물어보았다.

"지금 나무가 어떤 기분일까?"

"안 좋을 거 같아요."

"왜 안 좋을까?"

"아, 몰라요."

"이 나무가 지금 아파?"

"아니요."

"그런데 왜 기분이 안 좋다고 생각했어?"

"그냥요."

아이는 "몰라요", "아니요", "그냥요" 그 이상의 대답을 하지 않았다. 이건 아이가 자신의 내적인 상태가 어떤지 잘 모른다는 이야기다. 즉 아이는 무엇인가 '불쾌하다'는 막연한 느낌을 가지고 있기는 하지만 왜 그런 느낌이 들었는지, 어떻게 하면 그 불쾌한 느낌이 없어질 것인지 등에 대해 전혀 인식하지 못하고 있었다.

다음으로 반에서 어떤 친구들과 노는 게 제일 좋으냐고 물었다.

"좋은 친구 하나도 없어요. 애들이 다 이상해요."

"친구랑 노는 거 재미있지 않니?"

"아, 뭐 그런 걸 물어봐요. 재미있을 때도 있고 재미없을 때도 있지. 근데 ○○랑은 안 놀아요. 걔랑 놀면 병신이에요."

어딘가 비딱한 면이 보였다.

검사 결과 아이의 지능과 사회성, 도덕성, 집중력 등은 모두 정상으로 나왔기 때문에 병이라고 말할 수는 없지만, 아이의 정신 건강에는 경고등이 들어와 있음이 분명했다.

싫은 친구는 아예 안 보는 아이들

요즘 나는 이런 아이들을 많이 본다. 특별히 어디가 아픈 건 아닌데 아주 미약하게 정서 발달이 처진다. 그리고 자신이 느끼는 감정에 대해 섬세한 언어와 표정으로 설명하지 못한다.

이런 아이들은 남의 입장을 전혀 생각하지 못하고 상대방을 배려하는 마음이 약하다. 다른 아이와 자신의 생각이 다르면 "어? 너 나랑 안 놀아? 너 나랑 다른 아이구나. 까짓, 안 놀면 되지 뭐" 하고 제쳐 버린다.

내가 어릴 때에는 남을 함부로 무시하는 일이 흔치 않았다. 좀 독특한 아이가 있어도 대충 어정쩡하게 서서 내가 옳은가, 상대가 옳은 가를 꽤 진지하게 고민했다. 그러면서 '너 누구 편이야?'를 따지지 않고 대강 어울려 놀았다. 하지만 요즘 아이들은 제쳐 버리는 것도 모자라서 친구를 공격하기까지 한다. "아이 씨", "너 죽어" 같은 말은 예사로 하고, "쟤 따(따돌림) 시키자"라는 말도 아무렇지 않게 내뱉는다.

아이를 망치는 주범

이런 아이들의 속을 들여다보면 자기에 대한 상이 지극히 부정적이다. 그래서 "너 이거 못하잖아"라는 한마디에 굉장히 의기소침해하고 그 상처를 쉽사리 떨쳐 버리지 못한다. '누가 뭐라고 해도 나는 참 괜찮은 사람이야'라는 생각을 하지 못한다. 그래서 남을 공격하는지도 모른다.

어느 날 정모가 씩씩거리며 들어와서는 "엄마, 내가 홍당무야?"라고 따져 물었다. 이야기인즉슨 친구들이랑 놀다가 별명 이야기가 나왔는데 누가 자기를 홍당무라고 불렀다는 것이다. 정모는 그게 도저히 납득이 안 된다며 생각할수록 화가 난다고 했다.

"내가 얼굴 색깔이 빨개? 홍당무처럼 키가 작아? 어째서 내가 홍당무야?"

"네 이름이 홍정모라서 그렇게 부른 거겠지."

"그래도 그렇지. 어떻게 홍당무라고 부를 수가 있어? 나를 홍당무라고 부르는 건 진짜 말도 안 돼."

나도 옛날에 '신발', '신의주' 등 '신'자를 딴 여러 별명이 있었지만 그게 그다지 기분 나쁜 일은 아니었다. 그리고 내가 뭐라고 불려도 '나는 나'라는 자신감이 있었다. '신발'이라고 불리는 게 '인간 신의진'에 대한 비난이 아님을 알았다는 이야기다.

남의 평가에 예민하고 자아상에 조금만 금이 가도 참아 내지 못하는 아이들. 우리 아이들이 이렇게 자신감이 없는 건 어른들의 탓이다. 특히 평가는 아이들의 자신감을 너무 많이 갉아먹는다.

어렸을 때부터 무수한 평가에 시달리는 아이들의 자아상이 결코 좋을 리 없다. 우리 때도 물론 평가는 있었다. 하지만 지금은 조기 교육이라는 미명 아래 너무 일찍 평가의 잣대를 들이밀며, 너무 많은 평가를 치르게 하고 있다.

어른들에게도 평가는 좋은 경험이 결코 아니다. 보통 내가 생각하던 '꽤 괜찮은 나'의 이미지가 시험을 통해서 '점수 안 좋은 나'의 이미지로 바뀌기 때문이다.

나도 예전에 미국에서 운전면허 시험에서 떨어지고 펑펑 운 일이 있다. 그러잖아도 힘들게 유학생활을 하고 있는데 시험에서 뚝 떨어져 버리니 얼마나 절망적이고 서럽던지……. 운전면허 시험에서도 떨어지는 나인데 뭔들 잘할 수 있을까 하는 생각이 들었다. 어른들에게도 평가의 경험이 이렇듯 버거운데 초등학생들은 오죽하겠는가. 이런 상황에서 아이들 마음속에 자신감 대신 불안감이 가득한 건 어쩌면 당연한 일인지도 모른다.

스트레스를 풀 수 없는 아이들

자신감이 부족한 아이들은 감정 조절을 몹시 힘들어한다. 툭하면 빽빽 소리를 지르거나 신경질을 낸다. 잔소리를 들었을 때 방문을 쾅 닫고 들어가 버리는 건 그나마 나은 편에 속한다. 물건을 던지거나 분에 못 이겨 손톱을 물어뜯는 등 가벼운 자해 행동을 보이는 아이도 있으며, 학교에서 선생님한테 몇 마디 꾸중을 들었다고 엉엉 울어 버리는 아이도 부지기수다.

유치원이나 초등학교에 갓 입학한 아이들은 감정 조절에 어려움을 보이기 마련이다. 새로운 환경을 접했을 때 생기는 긴장을 잘 풀어내지 못하기 때문이다.

그런데 우리 아이들은 긴장을 풀 시간도 없고 그럴 만한 공간도 마땅히 없다. 옛날의 우리처럼 학교에서 받은 스트레스를 친구들과 떡볶이 사 먹고 수다 떨면서 풀 수가 없다. 학교 수업이 끝나고 운동장에서든 놀이터에서든 뛰어노는 아이도 없다. 학원을 다니느라 시간도 없고, 함께 놀 친구도 없으니 그 긴장들이 다 쌓여만 가는 것이다.

성격이 학습의 기초다

EQ(Emotional Quotient)가 높은 아이는 긍정적인 자아상을 가지고, 감정 조절에 무리가 없고, 남과도 잘 어울려 지낸다. EQ가 중요한 이유는 결국 마지막에 가서 성공을 하게 되는 것은 EQ가 높은 아이들이기 때문이다.

공부란 외부에서 주어지는 정보를 받아들여 단단히 자기 것으로 만드는 작업이다. 공부 잘하는 아이들은 어떤 지식을 새로 배웠을 때 자신이 이미 알고 있던 지식이나 체험과 연결 지어 흡수한 다음 자기 지식으로 만든다.

그런데 EQ가 떨어지는 아이들은 외부의 자극을 내면으로 들여와서 자기 것으로 소화해서 밖으로 내놓는 능력이 부족하다. 자기와 다른 친구는 아예 안 봐 버리는 아이들인데 그 하기 싫은 공부를 잘할 리 있겠는가.

특히 양도 많고 사고력도 요구되는 꽤 어려운 고학년 공부는 EQ가 떨어지는 아이들에게 힘들 수밖에 없다. 자신감도 없고 힘든 감정을 조절하지 못하니까 어떻게든 해 보려고 하는 대신 '어렵다', '잘 모르겠다' 하며 공부를 쉽게 제쳐놓는 것이다. 마치 '그냥 싫다'고 다른 아이를 배제해 버리는 것처럼 말이다.

아이가 공부를 싫어하고 시켜도 잘 못하지만 친구들과 잘 지내고 긍정적이며 매사에 활발하다면 안심해도 좋다. 그러나 공부는 시키는 대로 하지만 매사에 부정적이고 투덜대기를 좋아한다면 아이의 정신 건강에 혹시 빨간 불이 들어와 있는지 확인해 보라.

모든 부모들은 자신의 아이가 공부도 잘하고, 친구들과 잘 어울려 학교생활도 적극적이고 재미있게 하기를 바란다. 나도 그렇다. 그런데 그렇게 키우려면 먼저 아이가 학교생활에 흥미를 보이게끔 해야 한다. 그 역은 절대로 성립될 수 없다. 아이의 정서가 안정되어야 그 바탕 위에서 공부를 잘할 수 있는 것이다. 다시 말하면, 정서가 학습의 기초란 이야기다.

그래서 나는 오늘도 아이들 공부 문제로 찾아온 엄마들에게 다음과 같은 당부를 빼놓지 않는다.

"최소한 초등학교 3학년까지 아이들 공부 잘하게 하는 최선의 방법은 아이의 정서를 안정시켜 적극적인 태도를 만들어 주는 것입니다. 즉 성격이 좋은 아이로 만드는 게 먼저입니다. 초등학교 고학년, 중학교에 가면 '저절로' 아이 성격이 좋아지리라고 믿지 마세요. 초등학교 저학년 때 비딱한 아이들은 고학년, 중학교 올라가서 틀림없이 공부하는 것도 힘들어하게 되어 있습니다. 그러니 지금 아이 성격에 문제가 있다면 그것보다 더 큰 문제는 없는 겁니다."

지금 바로 체크해야 할 7가지 덕목

초등학교 적응이 걱정되어 병원에 온 남자 아이 두 명이 있었다. 둘 다 일곱 살로 집중력에 문제가 있다고 했다. 진단 결과는 역시 예상대로 둘 다 집중력 장애.

하지만 나는 두 아이에게 다른 처방을 내렸다. 한 아이는 약물 처방과 학습 치료만으로 좋아질 수 있을 것 같았다. 반면 다른 아이는 집중력 장애를 치료하기 전에 먼저 6개월 이상의 부모 상담과 놀이 치료를 권했다.

같은 진단인데도 왜 두 아이의 처방이 달랐을까?

그것은 비록 둘 다 집중력 장애이긴 하지만, 뒤의 아이는 집중력 장애를 치료하기 전에 먼저 해결해야 할 문제가 있었기 때문이다.

앞의 아이는 집중력은 없을지 몰라도 초등학교 입학 전에 갖춰야 할 덕목들은 두루 갖추고 있었다. 집중을 못하는 건 그 아이의 뇌의 특징일 뿐이었다.

하지만 뒤의 아이는 다른 사람들의 생각과 행동을 전혀 따뜻한 눈으로 보지 못하고 있었다. 그 아이는 집중력이 없는 게 문제가 아니라, '철없는 것'이 더 문제였다. 내가 "얘는 집중력보다 철없는 게 더 문제네요"라고 하자 엄마조차 "어머, 어떻게 아셨어요?" 할 정도로 지나치게 고집이 셌던 아이.

일곱 살쯤 되면 사람이 많을 때는 이 사람 저 사람 눈치를 볼 수 있어야 하는데, 그 아이는 그것을 잘 못했다. 하고 싶은 것을 못하게 했을 때 그게 통하지 않았다. 그리고 다른 사람들의 말을 수용하지 못하고 씩씩거리면서 화를 냈다. 한마디로 독불장군이었다.

초등학교 입학 전, '마음의 준비'가 더 중요하다

흔히 예비 초등학생들이 익혀야 할 준비 기술로 연필 제대로 쥐기, 10까지 세기, 자기 이름 쓸 줄 알기 등을 꼽는다. 물론 이런 기술을 갖추고 있으면 학교생활을 수월하게 시작하는 것은 맞다. 하지만 그것보다 더 중요한 게 있다. 바로 아이가 학교라는 구조적인 틀에 적응할 '마음의 준비'가 되어 있느냐 하는 것이다.

마음의 준비가 되어 있는 아이들은 연필을 제대로 못 쥐고 한글을 몰라도 한 학기, 아니 늦어도 1년이면 또래 아이들을 따라잡을 수 있다. 그리고 학교생활이 좀 힘들어도 꿋꿋하고 즐겁게 버텨 나간다. 하지만 마음의 준비가 되어 있지 않으면 아무리 많은 지식을 가지고 있어도 학교생활이 쉽지 않다. 학교 다니는 게 재미없고 지겨울 뿐이다.

감히 말하건대, 마음의 준비만 잘 되어 있으면 아이의 학교생활은 절대로 실패하지 않는다. 그래서 마음의 준비는 그 어떤 입학 준비 기술보다 중요하다. 마음의 준비는 초등학교 이전에 반드시 해야만 하는 숙제다. 학교에 다니는 것을 싫어하고 문제를 일으키는 아이들이 왜 그런지를 따져 보면 대부분 이 숙제를 다 마치지 못해서 그런 경우가 많다.

엄마들이여, 아이의 학교생활에 문제가 있다고 생각되면 우선 아이가 다음의 덕목을 갖추고 있는지 체크해 보라.

1. 감정 조절력

아이들을 보면 참 신기하다. 엄마한테 혼나서 눈물을 펑펑 쏟다가도 좋아하는 장난감을 들이대면 언제 그랬냐는 듯이 금방 헤헤거리고 웃는 게 아이들이다.

감정 조절력은 좋은 기분을 유지하기 위해 기분이 나빠졌을 때 기분이 좋아지게끔 스스로 조절하는 능력을 말한다. 감정 조절력이 뛰어난 아이는 기분이 좋아서 폴짝폴짝 뛰어다니다가도 '이제 그만' 하면 곧 얌전해지고, 화를 내다가도 돌아서면 금방 헤헤거리고 웃을 수 있다. 하지만 감정 조절력이 떨어지는 아이는 불쾌한 기분을 스스로 조절하지 못한다. 그저 울고불고하면서 소리를 지르거나 물건을 던져 버리기 일쑤다. 그래서 얼굴만 보고도 아이가 감정 조절력이 있는지 없는지 쉽게 알 수 있다. 항상 웃고 있으면서 표정도 다양하면 감정 조절력이 뛰어난 아이다. 반면, 감정 조절력이 떨어지는 아이는 맹하거나 뚱한 표정을 지을 때가 많다.

또 엄마가 "우리 애는 정말 고집이 세요"라고 말하는 아이도 대개 감정 조절력이 떨어지는 경우가 많다. 이런 아이는 초등학교에 입학하면 공부는 차치하고 아예 학교 가는 것 자체를 어려워한다. 누가 뭐라고만 하면 울기부터 하고, 마음에 들지 않으면 마구 짜증을 내는데 학교에서 누가 그 기분을 맞춰 주겠는가. 잘못하다가는 선생님이 가장 힘들어하는 아이로 '찍힐' 수도 있고, 왕따의 표적이 되기도 한다.

사람이란 원래 기분이 좋아야 공부도 잘 되고 사람도 잘 사귈 수 있다. 그래서 감정 조절력이 중요하다. 특히 아이들은 짜증과 슬픔, 두려움 등의 부정적인 감정보다는 기쁨과 유쾌함, 웃음, 편안함, 재미있음 등의 긍정적인 감정을 느껴야 나머지 덕목들도 잘 발달하게 된다. 긍정적인 기분을 잘 못 느끼는 아이들은 우울증이 생기거나 불안감이 심해진다.

아이들의 감정 조절력을 키워 주기 위해서는 엄마의 역할이 절대적이다. 아이들은 원래 감정 조절력이 전혀 없는 상태에서 태어난다. 그러다 자기가 감정을 내보였을 때 외부에서 맞춰 주면 '아, 이렇게 맞추는 거구나' 하고 배워 간다. 이렇게 밖에서 자신의 기분을 맞춰 주면 어느새 그걸 내면화해서 스스로 감정을 조절하기 시작한다. 따라서 아이가 부정적인 기분을 오랫동안 느끼지 않도록 하는 것이 중요하다.

또 엄마가 자꾸 화내고 짜증내고 신경질을 내는 것도 아이들 감정 조절력 발달에 좋지 않다. 엄마가 늘 소리를 지르면서 화를 내면 아이는 '인생이란 항상 이렇게 불쾌한 거구나'라고 생각하고 기분 나쁘면 엄마처럼 소리 지르고 신경질을 내게 된다.

아이가 원치 않은 상황이 벌어졌을 때 자기 분을 이기지 못하거든 엄마 자신에게 혹시 그런 성향이 있는 건 아닌지 반성해 볼 필요가 있다.

2. 충동 조절력

충동 조절력은 자신이 하고 싶은 것을 지금 당장 하지 않고 그것을 하기 위해 계획을 짜는 능력을 말한다. 예컨대 백화점에 가서 아이스크림을 먹고 싶을 때 엄마 아빠가 식품관에 갈 때까지 기다렸다가 요구하는 아이는 충동 조절력이 있는 아이다. 또 친구들과 싸울 때 끝까지 욕설이나 폭력을 사용하지 않는 아이도 훌륭한 충동 조절력을 가진 아이다. 이 정도는 되어야 초등학교에 가서 문제를 일으키지 않는다.

충동 조절력이 없다고 하면 사람들은 보통 부산하게 움직이는 아이를 생각하는데, 꼭 많이 움직인다고 해서 충동 조절력이 약한 것은 아니다. 물론 충동 조절력이 없는 아이는 산만하다. 하지만 자신의 행동이 어떤 결과를 낳을지 예상하지 못하고 몸이 먼저 움직인다는 게 더 큰 문제다. 엉덩이를 붙이지 못할 정도로 활동량이 많더라도 그만두어야 할 때 멈출 수 있다면 그건 충동 조절력이 부족한 게 아니다. 즉 '누울 자리'를 보지 않고 마음대로 행동하는 게 문제인 것이다.

툭하면 친구들을 때려서 문제를 일으키는 아이는 공격성이 많아서라기보다 충동 조절력이 없어서 그럴 수 있다. 어른들 중에서도 싸울 때 먼저 고함을 치거나 손부터 나가는 사람들은 충동 조절력이 부족하다고 보면 된다.

충동 조절력은 공부와도 관련이 있다. 계획을 세우는 능력이 부족해 어떤 일을 제시간 안에 끝까지 해내기가 힘들기 때문이다. 시험공부를 할 때 전 과목의 앞부분만 하거나 숙제가 용두사미로 끝나기 일쑤다. 또 공부를 하는 동안에 다른 것을 하고 싶다면 결과를 생각하지 않고 하고 싶은 것을 먼저 해치운다. 그러니 공부를 잘할 리 없다.

물론 선천적으로 충동 조절이 힘든 아이들도 있다. 주의력결핍 과잉행동장애(ADHD) 아이들이 그렇다. 이 아이들은 전문가의 도움을 받는 편이 빠르다.

하지만 병이 아닌데도 충동 조절이 힘든 아이들은 부모가 과잉보호를 하거나 과도하게 억압했을 가능성이 많다. 아이가 무엇을 요구하기 전에 알아서 필요한 것을 다 챙겨 주면, 아이는 욕구를 잠시 참고 미룰 수 있는 기회를 놓치게 된다. 특히 요즘에는 공부만 잘하면 무엇이든 다 들어주겠다는 부모들 때문에 충동 조절력이 발달되지 않은 아이가 많다. 또 아이의 요구에 대해 무조건 "안 돼" 하고 손부터 올라가는 부모 밑에서도 충동 조절력이 발달하기 어렵다. 부모의 행동 자체가 충동적이기 때문이다.

충동 조절력을 기르는 가장 좋은 방법은 아이와 협상을 하는 것이다. 아이의 요구를 무조건 들어주거나 안 된다고 하지 말고, 조건을 붙여서 들어주는 것이 좋다. 이를테면 비싼 장난감을 사 달라고 하면 몇 달 동안 돈을 모은 후에 사 준다고 약속하거나, 만화 비디오테이프를 보고 싶다고 하면 책 몇 권을 읽은 다음 보여 준다거나 하는 것이다.

때로는 아이가 명품 옷을 사 달라는 등 부모가 들어주어서는 안 되는 허황된 요구를 할 때가 있다. 이때도 야단 먼저 치는 것은 결코 효과적이지 않다. 안 되는 이유에 대해 차분히 이야기한 후 대안이 무엇인지 의논해야 한다. 아이가 간절히 원해서 결과적으로 아이의 요구를 들어주어야 할 때도 덥석 해 주지 말고 밀고 당기기를 잘해야 한다. 부모가 아이와 협상하는 것을 게을리하지 않아야 아이의 충동 조절력을 길러 줄 수 있음을 잊지 마라.

3. 집중력

요즘 집중력만큼 엄마들의 관심을 모으는 덕목도 없다. 꼼짝 않고 책상에 앉아 몇 시간씩 공부에 몰두하는 아이를 보는 것이 소원이라는 엄마도 있다. 하지만 엄마들이 잘못 생각하는 게 있다. 아이들, 특히 초등학교 저학년 아이들이 집중력을 발휘할 수 있는 시간은 생각보다 길지 않다는 것이다.

유치원 아이들의 집중력은 보통 20여 분이다. 그리고 학교 들어가기 직전까지 길어야 30~40분 집중할 수 있는 능력이 생길 따름이다. 그런데도 어떤 부모들은 "우리 애들은 좋아하는 거 세 시간씩 한다"고 자랑하곤 한다. 하지만 재미있고 하고 싶은 것을 오래하는 것과 집중력은 별개의 능력이다. 집중력이란 약간 따분한 것을 20~30분 집중할 수 있는 능력을 말한다.

집중력은 특히 아이들 학습에 중요하다. 집중력이 안 좋으면 사고력이 떨어지기 때문이다. 이런 아이들은 얼핏 보기에는 많은 양의 과제를 척척 잘 해내는 것 같아도 정작 하나씩 들어가 보면 깊게 생각할 줄 모른다.

내가 보기에 요즘 아이들은 옛날에 비해 전체적으로 '따분한 자극을 견디는 집중력'이 약간 떨어지는 것 같다. 현대의 일상생활 자체가 아이들의 집중력을 빼앗아 가는 게 아닌가 하는 생각이 들 정도다. 그중 제1주범은 텔레비전이다. 리모컨으로 몇 십 개의 채널을 훑어보도록 되어 있는 텔레비전 시청 문화는 하나의 주제를 진득하게 생각할 기회를 주지 않는다.

예전에 우리 집에서도 텔레비전 때문에 매일 전쟁이 벌어지곤 했다. 보고 싶은 프로그램을 미리 정해서 보게 했지만, 몰래 보는 것까지 통제할 수는 없었다. 그래서 고민 끝에 리모컨을 없애 버렸다. 하나의 프로그램을 계속 보는 게 낫지, 두세 개의 만화 프로그램을 이리저리 돌려 가면서 재미있는 장면만 보는 건 광고만 멍하니 보고 있는 것과 다를 바 없기 때문이다. 리모컨을 없앴더니 함부로 이리저리 채널을 돌리는 버릇이 없어졌다. 그리고 걸어가서 채널 돌리기가 귀찮으니까 웬만하면 한 프로그램을 오래 보는 버릇도 생겼다. 이렇게라도 해야만 아이들의 집중력이 훼손되는 것을 방지할 수 있다.

컴퓨터도 마찬가지다. 특히 인터넷 시대가 열리고부터는 클릭만 하면 새로운 사이트로 이동할 수 있게 됐다. 그러나 인터넷 서핑을 많이 하면 집중력에 문제가 생긴다. 그래서 되도록 컴퓨터는 늦게 가르치는 게 좋다.

또 어렸을 때 너무 많은 장난감을 한꺼번에 주는 것도 집중력을 방해할 수 있다. 특별한 날에 선물을 받거나 전집으로 구입해 갑자기 새 장난감이 한꺼번에 생겼을 때는 다 펼쳐 놓고 보여 주기보다 안 보이는 곳에 두었다가 하나씩 내주는 게 좋다. 어떤 엄마는 다 보여 준 다음에 아이에게 제일 좋은 것부터 선택하게 하는데, 엄마가 보고 재미있는 것, 재미없는 것을 번갈아 제공하는 것이 집중력 기르기에 더 낫다.

비록 지금 여러 환경이 아이의 집중력을 공격한다 하더라도 엄마의 지혜로 그 공격을 막아 낼 수 있다는 걸 명심해야 한다.

4. 공감 능력

공감 능력은 타인이 아파하면 아픔을 느끼고, 타인이 슬퍼하면 슬픔을 느끼는 능력이다. 공감 능력이 있는 아이는 다른 아이가 아프거나 괴롭힘을 당할 때 그것을 보고 '참 안됐다'라고 생각할 줄 안다. 슬프고 감동적인 이야기를 들었을 때는 눈물을 흘릴 줄도 안다. 그런데 공감 능력이 없는 아이는 '체, 자기가 잘못했네' 하면서 따지고 들거나 남이 고통 받는 모습을 희화화해 버린다.

요즘 아이들은 특히나 공감 능력이 떨어진다.

그건 부모에게 공감 받아 본 경험이 많지 않아서 그럴 수 있다. 아이들은 자기가 경험한 대로 남에게 하게 되어 있다. 부모가 아이의 감정과 욕구를 존중하기는커녕 일방적으로 이것저것 시키면 아이들 역시 남의 입장을 존중하지 않는다. 또 자신이 괴롭고 아팠을 때 따뜻하게 위로받아 본 경험이 없기 때문에 남의 괴로움과 아픔을 공감하지 못한다.

공감 능력의 발달을 방해하는 또 하나의 요인은 컴퓨터 게임을 통한 간접 경험이다. 요즘 게임에는 워낙 폭력이 난무하기 때문에 폭력이 사람을 얼마나 아프게 하는지를 간과하게 된다. 사이버 세상에서 하게 되는 죽이고, 죽고, 찌르고, 피 흘리는 등의 경험은 아이들의 공감 능력 발달을 저해한다.

아이가 공감 능력이 부족하다고 생각되면 엄마가 세심해져야 한다. 좀 피곤하다 싶을 정도로 공부를 시켰다면 "따분하고 힘들지?" 하고 아이 감정을 이야기해 주어야 한다. 또 다쳐서 울 때도 무조건 "뚝, 다 큰 애가 뭐 그거 가지고 우니?"라고 하기보다는 "우와, 정말 많이 아팠겠다" 하고 공감을 해 주어야 한다.

사실 감정 조절력과 공감 능력, 도덕성, 사회성은 남의 입장을 어떻게 생각하고 배려하느냐 하는 한 뿌리에서 나온 덕목들이다. 이 중 공감 능력은 도덕성과 사회성의 기초가 된다. '입장 바꿔 생각하는 능력'이 있어야 도덕성과 사회성이 발달하기 때문이다.

5. 도덕성

요즘 초등학교 선생님의 말을 들어 보면 아이들의 '도덕적 해이'

가 어른 뺨 친다고 한다. 몸이 불편하거나 가난한 아이들을 왕따시킨 아이들을 불러 혼내면 "제가 뭘 잘못했는데요?"라고 대꾸한단다. 학교에서뿐만 아니다. 벽에 낙서하는 것을 나무라는 어른에게 "아줌마가 뭔데요?"라고 말하는 아이들, 공공장소에서 크게 떠들지 말라고 주의를 주는 노인에게 잘못했다는 말 한마디 없이 퉤 침 뱉고 눈 흘기며 자리를 뜨는 아이들의 이야기를 심심치 않게 들을 수 있다.

도덕성은 잘못을 저질렀을 때 잘못했다는 것을 알고 죄책감을 느껴 다음에는 그렇게 하지 않는 능력을 말한다. 충동 조절력과 비슷해 보이지만 다르다. 충동 조절력이 부족한 아이는 자기도 모르게 욱해서 한 대 때리고 나중에 후회하지만 도덕성이 부족한 아이는 때려 놓고도 그걸 당연하게 생각한다.

도덕성은 사실 가정교육으로 길러져야 하는 부분이다. 그런데 워낙 사회적으로 잘못을 인정하고 사과하는 풍토가 없어지고, '지키는 사람만 손해'라는 인식이 널리 퍼져 있다 보니 부모들도 아이에게 도덕성을 가르치기가 난감하다.

하지만 도덕성은 부모가 아니면 길러 줄 수 없다.

아이가 보는 앞에서 거짓말을 하지 않고, 공중도덕을 지키고, 윗사람을 공경하고, 다른 사람을 배려하는 공공의 가치를 부모가 먼저 지켜야 아이는 그것이 중요한 줄 알게 된다.

혹시 지금 아이가 '당차고 맹랑하다'라는 말을 듣는다면 아이의 도덕성에 문제가 있는 것은 아니지 살펴보라. 아이가 자신이 한 행위에 대해 선악을 판단할 수 있는지도 점검해 보라. 집에서 길러지지 않은 도덕성은 학교에서 절대 길러지지 않는다는 사실을 기억하면서 말이다.

6. 사회성

엄마들은 흔히 친구가 많으면 아이의 사회성이 뛰어나다고 생각한다. 그러나 친구 많은 것과 사회성은 사실 큰 관련이 없다. 게다가 요즘처럼 컴퓨터 게임을 같이하는 것만으로도 어울려 다닐 수 있는 세상에서는 친구 수가 많다고 절대 아이의 사회성에 대해 안심해서는 안 된다.

진정한 사회성은 내 의견과 친구의 의견이 다를 때 상대의 입장에서 헤아려 보고 얼마나 잘 타협하느냐 하는 능력을 말한다. 따라서 한 사람을 오래, 깊이 있게 사귈 수 있어야 사회성이 좋다고 할 수 있다.

사회성은 초등학교 이전, 유치원 시기에 타인의 입장에서 나를 볼 수 있는 능력이 생기면서 발달한다. 잘 자란 유치원생들이 노는 모습을 보면 "너 이거 해, 나 이거 할게" 하면서 '기브 앤 테이크(give and take)' 방식으로 관계를 맺는다. 즉 일방적으로 나의 생각만 주장하는 것이 아니라 상대방의 생각과 입장을 고려해서 함께 재미있을 수 있는 방법을 찾아낸다.

또 친구와 싸우더라도 "쟤는 왜 저럴까?" 하고 친구의 입장에서 생각해 본 다음 다시 자신의 입장에서 생각해 보고 싸움을 해결할 방법을 찾아 행동으로 옮긴다. 이렇게 상대방 입장에서 나를 볼 수 있어야 초등학교에 가서 큰 사고가 없다.

하지만 사회성이 떨어지는 아이들은 기브 앤 테이크는커녕 자신의 입장과 생각만 일방적으로 주장한다. 또 친구들과 대립하게 되었을 때 타인의 입장에서 상황을 볼 수 있는 능력이 떨어지므로 쩔쩔매기만 한다. 처음에는 자신의 주장만 펴다가 그게 받아들여지지 않으면 갈등 상황을 회피하고 나중에는 아예 상대방을 배제해 버린다. 공부를 하면서도 조금만 어려워지면 도망갈 궁리 먼저 하고, 책을 저자의 입장에서 깊이 있게 읽어 내는 능력이 떨어지게 된다.

그러니 또래 친구를 많이 만들어 주는 게 사회성 기르기의 능사가 아닌 것이다. 초등학교에 입학하기 전에 아이가 친구들과 어떻게 노는지, 친구와 싸울 때 어떻게 해결하는지 파악하고 있어야 아이의 사회성에 대해 판단할 수 있다. 아이가 너무 자신의 입장만 내세우면 다른 사람의 입장도 고려해 볼 수 있도록 도와주는 게 정말 현명한 부모가 할 일이다.

7. 새로운 지식에 대한 호기심

사람에게는 기본적으로 새로운 것을 보면 궁금해하는 속성이 있다. 특히 아이들은 더 그렇다. 그래서 아이들에게 인기를 끌려면 아이들이 처음 보는 신기한 물건을 보여 주면 된다. 그럼 아이들은 "우와, 저것 좀 봐", "와, 재미있겠다" 하고 달려들어 이리 만지고 저리 만지면서 논다. 잘 자란 유치원생들은 누구나 이 정도의 호기심은 가지고 있다. 신기하게 생긴 장난감 하나를 가운데 두고 시끌시끌한 게 유치원생 아이들이다.

그런데 새롭고 신기한 것을 봐도 시큰둥해하는 아이들이 있다. 그런 아이들은 새로운 것이 주어졌을 때 눈을 반짝거리며 "그게 뭐예요?" 하지 않고 "나 그거 다 알아요" 하거나 "또 해요?" 하며 지겨워한다.

이런 아이들은 초등학교에 가서도 공부를 소극적이고 수동적으로 한다. '생각해 보자'는 말을 제일 싫어하고 어떤 새로운 것을 보여 주어도 반응이 없다. 아이들의 끝없는 호기심을 눌러 버리는 것은 다름 아닌 지나친 공부다.

어떤 사람들은 공부도 새로운 자극이 아니냐고 할지 모른다. 하지만 호기심은 스스로 느껴 보고 해결하면서 발달되는 것이다. 글자처럼 미리 만들어진 자극은 오히려 호기심을 갉아먹는다. '어, 재미있을 것 같네'에서 시작해서 '야, 해 보니 진짜 재밌네'로 끝나야 호기심이 계속 이어지는데, 학습지나 책처럼 단조롭고 규격화된 자극을 아이들이 싫어하는 건 당연하다. 즉 기존의 틀에 집어넣을수록 줄어드는 게 호기심이란 얘기다.

호기심은 직접 만져 보고 느껴 봐야 자란다. 얼마 전 장을 보러 대형 할인점에 갔다. 할인점에는 아이를 카트에 싣고 다니는 젊은 부부들이 많았다. 그런데 가만히 보니 아이들은 카트에 앉아 아이스크림이나 과자를 먹고 있었고, 엄마만 진열대에서 분주하게 물건을 고르고 있었다. 그 모습을 보고 있자니 미국에서 공부할 때가 생각났다.

미국에 살 때 나는 창고형 할인 매장에 가면 꼭 남편과 함께 갔다. 내가 장을 보는 동안 아이들에게 할인점 탐험을 시키기 위해서였다. 나 혼자 아이들과 장을 보면 아이들을 '얌전히' 있게 하는 데에만 신경을 쓰기 때문에 생각해 낸 방법이었다. 나는 남편에게 아이들이 하고 싶은 대로 하게 내버려둘 것을 당부했고, 그 덕에 아이들은 신나게 할인점을 다니면서 마음껏 호기심을 풀 수 있었다. 아이들을 쫓아다니며 관심 있어 하는 물건을 보여 주고, 설명서를 꼼꼼히 읽어 준 것은 물론이다. 그래서 할인점을 갔다 하면 네 시간은 기본이었다.

한번은 어른들이 잠시 한눈을 판 사이 아이들이 시식 코너에서 햄을 찍어 먹으라고 짜 둔 겨자를 먹은 적이 있다. 노르스름한 것이 맛있어 보였는지 그 매운 걸 잔뜩 찍어 먹고는 '으악' 소리를 지르는 통에 급하게 물을 찾아다니느라 얼마나 진을 뺐는지……. 그다음부터 아이들은 할인점에 가도 함부로 아무것이나 먹지 않고 "이거 매워?" 하며 꼭 확인한 후 먹게 되었다. 아이들에게 그 일은 그림책으로 '단 것', '매운 것'을 배우는 것보다 더 확실한 공부가 되었던 것이다.

어떤 부모들은 할인점에서 아이에게 "여기 가만히 서 있어"라고 말하고 장을 보고 온다. 아이가 이것저것 만지다가 진열대를 엉망으로 만들거나 아이가 다치는 것을 걱정해서 그럴 것이다. 하지만 아이 입장에서는 재미있는 물건이 가득한 곳에서 가만히 있는 것이 더 고역일 수 있다.

어떤 엄마는 아이가 집 안을 어지럽힐까 봐 서랍마다 테이프를 붙여 놓기도 하고, 아이들이 놀면서 흘리는 것을 쫓아다니며 치우기도 한다. 이렇게 엄마의 틀에 아이를 맞추게 되면 아이의 호기심은 사라져 버릴 수 있다.

호기심은 어렸을 때 키워 주지 못하면 나중엔 더 살리기 힘든 덕목이다. 일단 세상을 수동적인 자세로 대하기 시작하면 호기심이 설 자리가 없기 때문이다.

호기심은 아이가 어릴 때 키워 주어야 한다. 그래야 중학교나 고등학교에 가서도 지식에 대한 호기심을 잃지 않고 스스로 공부를 하게 된다.

내 아이가 정말 공부 잘하기를 바란다면 유치원 때까지 아이가 세상을 마음껏 탐색하도록 놔두라. 그게 장기적으로 아이의 공부를 돕는 길이다.

아이에게 런 하우 투 런을 가르쳐야만 하는 이유는 바로 여기에 있다. 인간의 뇌는 어떻게 단련시키느냐에 따라 엄청난 발전을 보일 수도 있고, 그냥 그대로 쇠퇴해 버릴 수도 있다. 이때 런 하우 투 런은 뇌를 가장 효율적으로 단련시킴으로써 엄청난 지식을 제대로 흡수하도록 돕는다. 그런 의미에서 런 하우 투 런은 뇌가 가장 좋아하는 학습법이라 해도 과언이 아니다.

PART 3

당신이
가르쳐야 할 것은
'런 하우 투 런'
이다

런 하우
투 런의
의미

경모가 초등학교 3학년에 올라간 지 얼마 안 되었을 때의 일이다. 그러잖아도 아침에 학교 가기가 힘든 경모였는데, 그날 따라 아예 잠자리에서 일어날 생각도 하지 않았다. 얼른 일어나라고 윽박지르다가 곰곰이 생각해 보니 요 며칠 동안 부쩍 더 학교를 가기 싫어한 것이 생각났다.

'무슨 문제가 있구나.'

아이를 살살 달래서 학교에 겨우 보내 놓고 경모의 같은 반 친구 엄마에게 전화를 걸었다.

전화를 걸자 그 엄마는 기다렸다는 듯이 "우리 ○○가 그러는데 요즘 경모가 선생님한테 많이 맞는다네요. 경모는 괜찮은가요?"라는 말부터 꺼냈다.

"경모가 또 무슨 잘못을 했대요?"

"요즘 담임 선생님이 아침 자습 시간에 애들한테 한자를 쓰게 한대요. 그거 잘 못 쓰면 엉덩이를 한 대씩 때리는데 경모가 거의 한 글자도 안 쓰나 봐요. 매일 한두 대씩 맞는다던데요."

그제야 경모가 왜 학교에 가기 싫어하는지 이해가 되었다. 칠판에 가득 써 놓은 한자를 그저 보고 베껴 써서 외워야 하는 일이 경모에게는 고역이었으리라.

선생님은 나름대로의 교육 철학을 가지고 아이들 자습 시간에 한문을 가르쳤겠지만, 내가 보기에 그 당시 경모에게 한문은 교육적이기보다 유해한 자극이었다. 꼭 경모가 유난히 새로운 것을 받아들이기 힘들어하는 아이라서가 아니다.

3학년이면 능숙하게 글씨를 쓰는 데 무리가 따를 때다. 게다가 한문은 글자가 가진 숨은 뜻을 생각해서 추상적 사고력을 발달시키는 학문인데, 3학년의 경우 아직 추상적 사고력을 갖기에는 미성숙하다. 다시 말하면 3학년 아이들에게 한문은 단순 암기로밖에 할 수 없는 과목이라는 말이다.

고민 끝에 나는 경모를 조금 늦게 등교시키기로 했다. 다행히 나의 '지각 작전'은 성공을 거두어 경모 입에서 학교 가기 싫다는 소리가 줄어들게 되었다. 하지만 경모는 그 이후 오랫동안 한문은 쳐다보지도 않았다.

경모가 '한문 짱'이 되기까지

경모가 한문을 다시 공부하게 된 것은 학년이 두 번 바뀌어 정식으로 수업 시간에 한문을 배우면서부터였다. 한문에 대한 경모의 독특한 내력(?)을 선생님에게 미리 얘기한 덕에 경모는 수업 시간에 특별한 배려를 받을 수 있었다.

"경모야, 한문이 그렇게 재미가 없으면 저기 뒤에 가서 조용히 다른 책 보고 놀아도 괜찮다. 너무 하기 싫은 공부를 억지로 하는 건 좋지 않아요."

경모는 그 뒤로 한 달여를 친구들이 한문을 열심히 배우는 동안 밖에서 어슬렁거리며 놀기만 했다. 그런데 밖에서 가만히 들여다보니 친구들이 그냥 칠판에 적힌 것을 쓰는 게 아니라 앞다투어 손을 번쩍번쩍 들고 이야기하고, 또 깔깔거리고 웃으면서 배우는 것이 재미있어 보였는지 슬그머니 자리로 돌아왔다.

선생님은 다시 자리로 돌아온 경모에게 "경모가 드디어 한문을 좋아하게 됐나 보다" 하고 칭찬을 아끼지 않았고, 으쓱해진 경모는 그때부터 한문에 재미를 붙여 언젠가부터는 '화룡점정(畵龍點睛)', '새옹지마(塞翁之馬)', '금상첨화(錦上添花)' 등의 말을 일상생활에서도 종종 쓸 정도로 사자성어의 달인이 되었다.

경모가 그렇게 싫어하던 한문을 좋아하고 또 잘하게 된 것은 무엇 때문일까? 거기에는 두 가지 이유가 있었다. 하나는 앞서 말한 것처럼 경모의 뇌가 비로소 한문에 담긴 추상적 의미를 이해할 만큼 발달했기 때문이고, 또 하나는 그걸 가르치는 방법이 '런 하우 투 런'의 방식이었기 때문이다. 칠판에 적힌 글자를 받아쓰고, 외우지 않고도 아이에게 한문이라는 공부의 원리를 알게 했던 방법, 그리고 아이들이 그렇게 재미있게 수업을 받았던 방법, 런 하우 투 런은 과연 무엇일까?

확실한 내 공부, 런 하우 투 런

우리말로 '공부 방법 배우기' 정도로 번역될 런 하우 투 런은 하나의 지식을 접했을 때 어떻게 해야 그것이 정말 내 지식이 되는지 아는 것을 말한다. 즉 공부하는 방법을 배우는 것을 말한다.

그럼 '공부'는 무엇인가. 공부란 쉽게 말해 새로운 것을 머릿속에 꽉 붙들어 놓는 작업이다. 그러면서 몰랐던 것을 알게 되고, 자기가 가지고 있는 지식이 점점 많아지는 것이 공부다. 그런데 그 새로운 자극을 머릿속에 붙들어 놓는 데에는 여러 방법이 있다.

제일 수준이 낮고 단순한 방법이 바로 암기다. 이를테면 한문에서 言(말씀 언) 자를 배운다고 했을 때 '言' 자를 100번 쓰고 '말씀 언, 말씀 언, 말씀 언' 하고 외우는 것이다. 이 방법은 '言'이라는 새로운 자극을 이미 뇌 속에 있던 '말씀'이라는 것과 한 번 연결시키는 것이다. 그러므로 그 연결이 약해지면 금방 '言' 자는 머릿속에서 떨어져 나가 버린다. 우리도 학창시절 암기 과목 시험 볼 때 외운 것은 시험 보고 나오면서 깡그리 잊어버리지 않았던가.

하지만 런 하우 투 런 방법은 새로운 자극을 뇌의 여러 부분에서 생각하게 만들어 신경학적으로 뇌에 착 달라붙도록 만든다. 일단 새로운 자극이 들어오면 암기를 통해 한 가지 방법으로만 뇌에 연결시키는 것이 아니라 여러 다양한 방법으로 뇌에 연결시키기 때문이다.

다시 한문을 생각해 보자. 한문을 런 하우 투 런의 방법으로 가르치기 위해서는 같은 글자를 가지고 여러 방면으로 생각할 수 있도록 질문을 해야 한다.

우선 "'言' 자가 들어가는 단어에는 어떤 것들이 있을까?" 하고 물어서 이미 알고 있는 지식과 새로 배운 '言' 자의 관련성을 알게 한다. 그다음에는 이미 알고 있는 지식과의 차이점을 알게 하기 위해서 "똑같이 '말씀'이라는 뜻을 가지고 있는데 '言'과 '語(말씀 어)'는 어떻게 다를까?" 하고 물어야 한다. 또 "'言'자에 '말씀'말고 다른 뜻은 없을까?"라고 질문하면 한 글자에 여러 뜻이 숨어 있을 수 있다는 사실을 알고 더 깊게 생각하게 된다.

이렇게 아이들에게 스스로 생각하고 발표하게 하니 수업이 재미있을 수밖에 없었던 것이다. 그러다 보니 한문을 쳐다보지도 않던 경모가 한문 짱까지 될 수 있었다.

런 하우 투 런을 위한 7가지 방법

런 하우 투 런을 한마디로 말하자면, 새로운 자극이 들어왔을 때 뇌를 전부 사용해서 그걸 잡기 위한 방법이라고 할 수 있다. 흔히 뇌를 훈련하는 법이라며 선전하는 것이 다 그 원리다. 내가 봤을 때 전통적으로 훌륭한 교수법이라고 알려진 방법은 모두 이 원리를 따르고 있다. 교육학에서는 '이렇게 가르쳐 보니 아이가 공부를 잘하더라'라고 경험적으로 정리한 방법들이 현대 뇌 과학의 원리에서 봐도 확실히 효과적이라는 말이다.

다음에 소개하는 방법은 아주 잘 가르치는 선생님이나 공부를 잘하는 아이들이 하나의 지식을 자기 것으로 만들 때 쓰는 런 하우 투 런 방법들이다. 모든 과목을 이렇게 할 수는 없겠지만, 부모들도 알아 두면 아이에게 공부를 가르칠 때 많은 효과를 거둘 수 있을 것이다.

1. 예상하게 만들기

예상하기는 아주 쉽고도 효과적인 런 하우 투 런의 방법이다. 새로운 것을 배우기 전에 과연 어떤 내용이 나올지 미리 예측하게 만드는 방법인데 아이가 생각을 하도록 유도하는 데 아주 좋다. 아이에게 "오늘은 '달'에 대해서 배울 거야. 교과서에서 무슨 이야기가 나올까? '달'에 대해 잘 알기 위해서는 무얼 알아야 할까?"라는 질문을 먼저 던진다. 그럼 아이 머릿속에는 옛날에 배운 것들 중에서 달과 관련되는 몇몇 것들이 떠오르게 된다. 그러고 나서 달에 대해 설명하면 아이는 기존에 자기가 알고 있는 지식과 뭐가 다른지를 알게 되면서 달의 새로운 특징을 확실하게 머릿속에 저장하게 된다.

2. 시범 보이기

새로운 수학 문제를 풀거나 복잡한 종이 접기를 할 때는 '한번 해 보이는 것'이 제일 중요하다. 이때 잊지 말아야 할 것은 시범을 보이면서 왜 그렇게 하는지 말로 설명하는 것이다. 아이는 선생님의 '소리 내어 생각하기'를 보면서 생각하는 법을 배운다.

3. 실전 문제를 내주고 생각하게 하기

지식을 배운 다음에 실전 상황을 가상으로 제시해서 배운 지식을 활용하게 한다. 예를 들어 영양소에 대해 배웠다면 긴 항해를 떠날 때 필요한 메뉴를 짜 보게 하고, 사막 여행을 할 때 필요한 메뉴와 어떻게 다른지 알게 한다.

4. 실제로 어디에 적용할 수 있을지 생각하게 만들기

배운 지식을 실제로 어디에 응용할 수 있을지를 생각하게 한다. "이걸 어디에 적용할 수 있을까? 한번 생각해 보렴" 하고 말한 다음에 아이가 생각해 낸 것들을 쭉 적고 그중 몇 개에 대해 이야기를 나눈다.

5. 비슷한 점, 다른 점 찾게 하기

지금 배운 것과 유사하지만 조금은 다른 것을 제시하고 그 둘 사이의 비슷한 점과 다른 점을 찾아내게 한다. 예를 들어 피가 돌고 찌꺼기를 배출하는 사람 몸의 순환계에 대해 배웠다면 그것이 한 도시에서 물을 공급하고 하수와 쓰레기를 처리하는 구조와 어떻게 같은지 또 어떻게 다른지를 비교하고 대조하게 한다.

6. 같은 방법으로 다른 문제 풀어 보게 하기

과학 과목에서 '달'에 대해 알기 위해 백과사전을 읽고 신문 기사를 찾아봤다면 사회 과목에서 '대통령'에 대해 알기 위해 똑같은 방법을 도입하도록 해 본다. 이때 각 과목에서 어떤 방법이 더 효과적인지를 생각해 보게 한다.

7. 배운 것을 말로 가르쳐 보게 하기

마지막으로 아이가 하나의 지식을 정말 확실히 알았는지를 확인해 보려면 "네가 선생님이라고 생각하고 지금 배운 걸 설명해 보렴" 하고 말해 본다. 이렇게 자신이 배운 것을 말로 남에게 설명해 줄 수 있으면 그 지식은 확실히 그 아이 것이라고 보아도 좋다.

일상생활에서 적용하라

런 하우 투 런은 앞에서 말한 학습의 3대 요소인 인식과 전략, 정서 중 전략을 세우는 데 제일 효과적인 방법이다. 그런데 런 하우 투 런은 저학년 아이들에게는 그다지 적합하지 않음을 유념해야 한다. 고학년 이상의 두뇌 발달이 이루어졌을 때 비로소 런 하우 투 런은 그 진가를 발휘한다.

하지만 엄마가 런 하우 투 런의 원리를 알고서 저학년 때부터 일상생활에서 잘 응용한다면 그 효과는 공부를 몇 시간 시키는 것 이상으로 나타난다. 예를 들어 아이를 혼낼 때 소리를 지르거나 벌을 세우지 않고 "왜 잘못했다고 생각하니?", "그래서 어쩔 건데?", "다음에는 어떻게 할 거니?" 이렇게 차근차근 체계적으로 물어 나가면 그 과정에서 아이가 엄청나게 추상적 사고력을 발달시키게 된다. 여행을 갈 때 "어디로 갈까?", "뭐가 필요할까?", "가서 뭘 할까?"를 아이와 의논하는 것도 좋다. 저학년 때부터 집에서 이런 교육을 받은 아이와 그렇지 않은 아이는 학년이 올라갈수록 사고력에서 많은 차이를 보이게 된다.

이제 아이에게 몇 개의 지식을 아는지 묻지 마라. 대신 아이가 어떻게 생각하는지를 들여다보라. 엄마가 아이에게 그걸 해 줄 수 있다면 아이 공부에 대해서는 더 이상 걱정하지 않아도 된다.

왜 런 하우 투 런 이어야만 하는가?

"엄마, 도대체 누가 십의 자릿수, 백의 자릿수를 만든 거예요?"

한참 숙제를 하던 정모가 한숨을 푹푹 쉬면서 말했다.

"왜? 정모야, 어렵니?"

"아, 너무 어려워서 도저히 못하겠어요."

"그래도 정모야, 백의 자릿수, 십의 자릿수가 있어야 숫자를 많이 만들 수 있지."

"난 싫은데……. 그게 있으니까 더하면 자꾸 올라가서 머리 아프잖아요."

1학년 때 수학은 곧잘 따라가던 정모는 2학년 들어가면서부터 더

하기, 빼기를 몹시 힘들어했다. 특히 '35 + 48'이나 '45 - 37'처럼 하나씩 자릿수를 올려서 해야 하는 덧셈과 뺄셈이 어려운 모양이었다.

하지만 나는 전혀 불안하지 않았다. 정모가 아직 숫자 이면에 있는 원리를 스스로 깨칠 만큼 뇌가 발달하지 않은 시기임을 알고 있었기 때문이다. 시간이 지나면 어느 순간 아이의 머리가 깨이면서 아이 머리를 뒤덮고 있는 안개가 걷히듯이 그 어려운 백의 자릿수, 십의 자릿수도 자연스럽게 이해할 것이라고 믿었다.

2학년 2학기가 끝나 가던 무렵, 정모를 데리고 외국에서 열리는 학회에 참석하는 바람에 일주일 동안 학교를 결석하게 되었다. 그래서 빠진 학교 공부를 보충하기 위해 밤에 잠깐씩 공부를 도와주었다. 그런데 가만히 보니까 1학기 때 그렇게 헤매던 백의 자릿수 덧셈을 아주 잘 해내는 게 아닌가. 특별히 내가 더 가르치지도 않았고 학원에 보낸 것도 아닌데 문제를 척척 풀어냈다.

"어머, 정모야. 너 혼자서 더 공부했니? 굉장히 똑똑해졌네?"

"잘 모르겠어요. 그냥 어느 날 갑자기 이해가 되기 시작했어요."

드디어 나는 정모에게 추상적 개념의 공부를 시켜도 될 시점이 왔다고 생각했다.

아이 두뇌 발달의 비밀

아이들의 두뇌는 초등학교 1학년 때부터 6학년 때까지 꾸준히 발달한다. 두뇌가 발달한다는 것은 외부의 정보를 받아들여서 처리하는 과정이 세련되어진다는 걸 의미한다. 이때 '세련되어진다'는 것은 군더더기가 없고 말끔하게 필요한 부분만을 정확하게 연결한다는 의미다.

그렇다면 어떤 과정을 거쳐서 두뇌의 처리 과정이 세련되어지는 걸까?

뇌에서 '지식'들이 들어 있는 제일 중요한 신경 핵은 겉 부분에 많이 모여 있다. 이 부분을 피질(cortex)이라고 하는데, 4세 때 가장 두꺼웠다가 이후부터는 점점 얇아지기 시작한다. 흔히 얇아지면 중요한 신경 핵이 없어지므로 머리가 나빠지는 게 아닐까 생각하는데 그렇지 않다.

두꺼운 피질이 얇아지는 이유는 필요 없는 부분을 없애기 때문이다. 잘 쓰는 부분은 남겨 놓고, 그렇지 않은 부분을 정리해 버리면 어떤 정보가 들어왔을 때 좀 더 빨리 처리할 수 있게 된다.

이 과정에서 잘 쓰는 부분은 '지식의 뭉치'로 뇌에 남아 있게 된다. 공부는 새로운 지식과 기존의 지식을 연결시키는 작업이다. 그 작업을 계속하게 되면 비슷한 종류의 지식은 같은 방법으로 연결되어 하나의 뭉치로 만들어진다.

예를 들어 읽기와 쓰기, 말하기, 듣기, 외국어 등 언어 분야의 지식은 '언어적 논리(verbal logic)'라는 뭉치로 만들어지고, 과학 분야의 지식은 '과학적 논리(scientific logic)'로, 수학 분야의 지식은 '수학

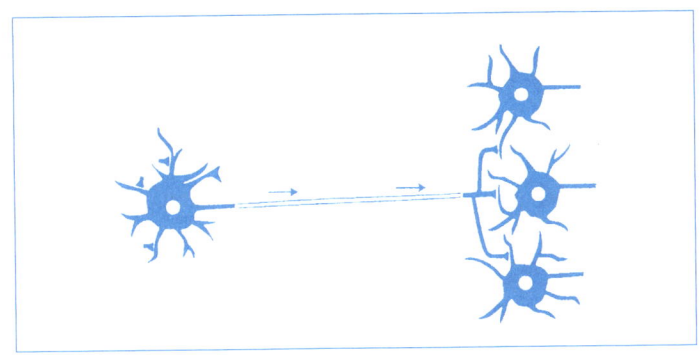

지식의 뭉치가 잘 만들어져 있으면 어떤 자극이 들어오더라도 필요한 정보만 정확하게 연결시키게 된다.

적 논리(mathematical logic)'로 만들어지는 것이다.

그런데 지식의 뭉치는 공부를 한다고 무작정 만들어지는 것이 아니다. 이것을 잘 만들기 위해서는 이른바 '목록 정리'를 잘할 수 있어야 한다.

배우다 보면 지식끼리 서로 부딪힐 때가 있다. '하늘을 나는 건 새다, 새는 알을 낳는다. 그런데 박쥐처럼 하늘을 날지만 알을 낳지 않는 동물은 새인가, 아닌가?'와 같은 문제에 부딪혔다고 치자. 박쥐를 지식의 목록에 제대로 올려놓기 위해서는 서로 부딪히는 지식들을 정확히 분류해야 한다. 박쥐와 새의 같은 점과 다른 점을 정리하고, 더 나아가 조류와 포유류의 특징을 정리해야만 박쥐를 제대로 된 목록에 올려놓을 수 있게 된다. 이런 과정을 거쳐 지식이 일목요연하게 정리가 되었을 때 비로소 지식의 뭉치가 효율적으로 만들어졌다고 할 수 있다.

지식의 뭉치를 제대로 만들어 놓으면 그와 비슷한 종류의 지식은 아주 빨리, 제대로 머릿속에 들어오게 된다. 예를 들면 언어적 논리라는 지식 뭉치가 잘 만들어진 아이는 국어와 사회, 국사, 논술 같은 과목을 모두 잘할 수 있다. 그 과목들이 모두 비판적 사고와 이해력, 개념 형성, 논리 등 언어적 논리를 구성하는 중요 요소를 포함하고 있기 때문이다.

즉 새로운 지식을 접했을 때 이미 형성되어 있는 지식의 뭉치가 만들어진 경로를 따라가기만 하면 되기 때문에 배우는 속도가 빠르다. 서울에서 부산까지 갈 때 거미줄 같은 시골길로 가면 열 시간이 걸리지만 KTX를 이용하면 세 시간이 채 안 걸리는 것과 같은 이치다. 지식의 뭉치는 공부를 잘할 수 있게 만드는 두뇌의 고속도로인 셈이다.

그리고 지식의 뭉치를 많이 만들어 놓으면 두뇌의 신경망이 촘촘하게 연결되어 어떤 지식이 들어와도 놓치는 법 없이 자기 것으로 소화할 수 있다. 우리가 '아이에게 물고기를 주지 말고 물고기 잡는 법을 가르쳐라'라고 이야기했을 때 '물고기 잡는 법'이 바로 지식의 뭉치를 많이 만드는 것이다.

1~4학년까지 발달하는 능력들

지식의 뭉치를 만드는 작업은 어렸을 때부터 시작된다. 하지만 그 작업은 아이의 두뇌 발달 수준에 맞추어서 진행되어야 한다.

초등학교 1~2학년 때 추상적인 원리를 이해하는 건 어려울 수밖에 없다. 아직 뇌가 추상적인 원리를 깨달을 만큼의 사고력을 발달시키지 못했기 때문이다. 대신 이 시기는 암기 능력이 일생 중에서 가장 뛰어난 시기다. 구구단과 알파벳, 글자 등 앞으로 할 공부의 밑바탕이 되는 이른바 '기초 지식'들은 이때 확실히 습득해 두어야 오래 간다.

또 새롭게 배운 지식들의 목록 정리가 시작되는 시점이라서 백과사전식 지식을 외우고 나름대로 분류하는 걸 무척 재미있어 한다. 그래서 동물 이름 대기, 위인 이름 대기, 꽃 이름 대기처럼 어떤 범주로 지식을 분류하는 놀이는 초등학교 1~2학년 아이들이 가장 좋아하는 놀이 중 하나다. 이런 놀이는 초등학교 3학년만 되어도 시들해한다.

하지만 1~2학년은 숨은 뜻과 원리를 파악하는 추상적 사고력이 부족하기 때문에 똑같은 예가 다른 데에 나오더라도 그것이 같다는 사실을 이해하지 못한다. 원리를 다른 곳에 적용하는 것을 어려워하는 것이다. 예를 들어 위인전에서의 강감찬 장군과 역사 소설에 등장하는 강감찬 장군이 같은 사람이라는 걸 모를 수 있다는 얘기다.

3~4학년이 되면 지금 이 순간에 깨달은 진리가 다른 데에서도 응용이 된다는 것을 서서히 깨닫는다. 그러면서 지식의 목록 정리가 좀 더 구체적이고 체계적으로 이루어진다. 특히 4학년이 되면 아

이들은 학교 교과 내용이 갑자기 어려워졌다는 느낌을 받는다. 고학년 때 배워야 할 추상적인 개념들이 도입되는 시기가 바로 4학년이기 때문이다.

사고력이 꽃피는 5~6학년

5~6학년이 되면 추상적인 사고력이 꽃을 피우면서 객관적인 사실에다 자신의 의견을 덧붙이기 시작한다. 그건 일기를 써 보게 하면 금방 알 수 있다. 똑같이 놀이동산에 다녀와서 정모와 경모에게 일기를 쓰게 했을 때도 저학년과 고학년의 차이가 금방 드러났다. 저학년인 정모의 일기는 객관적인 사실을 나열하는 데 그쳐 다섯 줄이면 끝이 났다.

'날씨가 참 좋았다. 점심에는 피자를 먹었다. 바이킹도 타고, 자동차도 타고, 사파리도 봤다. 오는 길에 졸려서 잤다.'

"정모야, 네 생각이나 기분도 쓰는 게 어때?"라고 일러 주어도 '참 재미있었다. 다음에 또 갔으면 좋겠다'라고 적을 뿐이다.

하지만 6학년인 경모의 일기는 사뭇 달랐다.

'재미는 있었지만 엄마 아빠가 일요일인데도 우리를 데리고 놀러 가셔서 참 힘드셨을 것 같다. 나는 이제 친구랑 노는 게 더 재미있다. 다음부터는 엄마 아빠는 집에서 쉬시고, 친구들이랑 갔으면 좋겠다.'

경모는 객관적인 사실에 자신의 생각을 덧붙여서 논리적으로 표현하고 있다. 이것이 바로 저학년과 고학년의 뇌 발달의 차이, 사고력의 차이다.

고학년이 되면 정서적인 불안감이 많이 없어진다. 어떤 일이 벌어졌을 때 그것의 결과를 예측할 수 있는 능력이 있기 때문이다. 저학년 아이들은 선생님한테 혼났을 때 주눅이 들고 마음의 상처를 입지만, 고학년 아이들은 선생님의 성격을 파악해서 도망도 가고 선생님의 비위를 맞춰 줄 수도 있다. 그동안 학교생활을 하면서 경험했던 일들이 '이럴 때 이렇게 하면 되고, 저럴 때 저렇게 하면 된다'는 행동의 패턴으로 묶여 있어서 나름대로 삶의 전략을 짤 수 있는 것이다.

그래서 이때쯤 되면 공부를 시켜도 아이들이 버텨 낼 수 있다. 어떤 문제가 주어졌을 때 스스로 필요한 자료를 찾고 정리해서 논리적으로 적은 다음 자기 의견을 적어 낼 수 있다는 말이다.

런 하우 투 런을 가르쳐야만 하는 이유

뇌의 발달이 아이들 학습 능력과 어떻게 연관되는지를 알면 기다릴 것인가, 아니면 적극적으로 도움을 줄 것인가에 대한 판단을 내릴 수 있다. 경모와 같은 2학년 아이가 십의 자릿수, 백의 자릿수 덧셈 뺄셈을 못하는 건 자릿수에 대한 이해가 부족한 것이고, 그건 추상적인 원리이기 때문에 모를 수 있으니까 기다려도 된다는 판단을 할 수 있다. 고학년인데 논술을 힘들어 하거나 일기를 길게 쓰는 것을 싫어하면 도움이 필요하다는 판단도 그래서 가능하다.

그리고 피질이 얇아지면서 뇌가 효율적으로 변하는 과정은 사춘기까지 계속 이어지다 만 17세 무렵에 최종적으로 안정이 된다. 그 중에서도 사고력을 담당하는 전두엽 부분은 제일 오랫동안 얇아지는 과정이 진행되는 곳이다. 이는 아이의 '공부 머리'는 엄마의 생각보다 늦게 깨일 수 있음을 뜻한다.

이렇게 뇌의 발달 경향을 알면 아이들의 성장 과정에 따라 어떤 공부를 시키는 것이 좋은지 알 수 있다. 또 모르고 기다리면 불안하고 조급함이 앞서지만, 알고 기다리면 아이가 스스로 해낼 때까지 여유를 가질 수 있다.

아이에게 런 하우 투 런을 가르쳐야만 하는 이유는 바로 여기에 있다. 인간의 뇌는 어떻게 단련시키느냐에 따라 엄청난 발전을 보일 수도 있고, 그냥 그대로 쇠퇴해 버릴 수도 있다. 이때 런 하우 투 런은 뇌를 가장 효율적으로 단련시킴으로써 엄청난 지식을 제대로 흡수하도록 돕는다. 그런 의미에서 런 하우 투 런은 뇌가 가장 좋아하는 학습법이라 해도 과언이 아니다.

21세기 생존법, 런 하우 투 런

 우선 질문 하나.

"당신은 후지 산을 어떻게 옮기겠습니까?"

대부분의 엄마들은 눈을 동그랗게 뜨고 "뭐라고요? 그런 말도 안 되는 질문이 어디 있어요?"라고 반문할 것이다. 그런데 이 질문은 다름 아닌 세계 최고의 기업으로 꼽히는 마이크로소프트 사에서 신입 사원을 채용할 때 던진 질문이라고 한다. 그리고 위와 같은 황당한 질문에 어떻게 대답하느냐를 가장 중요한 채용 기준으로 삼는다고 한다.

어떻게 이런 질문으로 유능한 신입 사원을 가려낼 수 있을까?

이는 바로 사람들의 '문제 해결력'을 보기 때문이다.

"못 옮긴다", "잘 모르겠다"고 대답하면 '산은 움직일 수 없다'는 고정 관념에 사로잡혀 문제를 해결할 수 없는 사람으로 평가된다. 회사가 원하는 답은 '옮길 수 있다는 가정 아래 그 가정을 가능케 하는 여러 조건을 나열하는 것'이라고 한다.

예를 들어 이런 식이다.

'사람이 트럭 한 대 분량의 흙과 암석을 파고 나르는 데 하루가 걸린다고 한다면, 후지 산을 옮기는 데 100억 일이 걸린다. 한 명이 하면 100억 일이지만 60억 지구인이 달려들면 이틀 안에 끝난다.'

마이크로소프트 사의 이런 면접 방법은 21세기 기업들이 어떤 인재상을 요구하고 있는지를 보여 주는 좋은 예다. 지식이 '어디'에 있는지만 알면 손쉽게 접근 가능한 현실에서, 지식을 얼마나 아느냐는 중요하지 않다는 것이 기업들의 생각이다.

'이 세상에 피아노 조율사가 몇 명이나 있을까?'처럼 해답이 나와 있지 않은 새로운 문제에 직면했을 때 이를 대하는 태도와 문제를 풀기 위해 접근하는 방식과 재치, 성실성 등이 남다른 사람이야말로 진정한 인재라는 것이다.

우리나라 교육의 결정적인 단점

그런데 우리나라에서 교육을 받은 아이들이 과연 이런 면접에서 높은 점수를 받을 수 있을까? 대부분 그렇지 못할 것이다. 우리나라

교육은 아직도 '문제를 해결하는 교육'이 아니라 '지식을 가르치는 교육'에 머물러 있기 때문이다.

문제를 해결하는 교육(problem solving based learning)과 지식을 가르치는 교육(knowledge based learning)은 어떻게 다를까?

지식을 가르치는 교육은 많은 지식을 직접 가르치는 것을 말한다. 그러니까 이미 누군가가 발견해서 '지식'이 된 결과만을 알게 하는 것이다.

예를 들어 전자석의 원리를 가르친다고 하자. 지식을 가르치는 교육에서는 '전류의 세기는 코일의 수와 비례한다'는 공식을 먼저 가르친다. 공식에 대해 간략하게 설명하고 외우게 한 다음 공식을 이해했는지를 점검하는 문제를 내서 확인하다. 바로 우리가 여태 배워 온 방법이다.

그런데 이처럼 지식을 가르치는 교육에는 결정적인 결함이 있다. 실생활에 적용하기 어렵다는 점이다. 나는 일상생활 속에서 설명해낼 수 없으면 그건 진짜 지식이 아니라고 생각한다. 모든 지식은 사실 우리가 사는 세상에서 나온 것이기 때문이다.

죽은 지식은 가라

어느 날 정모가 화장실에 다녀오더니 갑자기 "엄마, 똥이 어떻게 생기는 거예요?"라고 물었다. 나는 이때다 생각하고 자세히 설명을 해 주었다.

"음식을 먹으면 그게 식도를 거쳐서 위로 가거든. 그럼 위에서 소화 효소들이 나와서 음식이 잘 흡수될 수 있는 상태로 만들어. 그러면 십이지장과 소장에서 영양분을 흡수하고 대장에서는 수분을 흡수한단다. 그럼 찌꺼기가 남겠지? 그것들이 모여서 나오는 게 바로 똥이란다."

"그럼 엄마, 소화제는 소화 효소라는 걸로 만드는 거예요?"

"그렇지. 소화 효소에는 ○○○, ○○○가 있단다."

내 말을 골똘히 듣던 정모는 '소화 효소'라는 지식을 이미 알고 있던 '소화제'라는 지식과 연결시켜, '소화제는 소화 효소로 만든다'는 또 하나의 훌륭한 지식의 연결 고리를 만들어 냈다.

소화 효소의 이름과 그 기능을 무작정 외웠다면 정모는 그것을 소화제라는 생활의 사물과 연결하지 못했을 것이다. 그리고 그 지식을 확실히 자기 것으로 받아들이지도 못했을 것이다. 하지만 이렇게 실제 생활에 응용되는 경험을 한 번 거친 소화제와 소화 효소에 관한 지식은 정모의 뇌에 딱 달라붙어 잊으려야 잊을 수 없는 진짜 지식이 된다.

나도 어렸을 때 공부를 잘한다는 소리를 많이 듣긴 했지만 그렇다고 학교에 들어간 순간부터 공부를 잘했던 건 아니다. 나는 개념을 확실히 이해해 내 것으로 만들지 못하면 그 이상의 진도를 나가지 못하는 성격이었다. 그런데 개념이라는 것이 그냥 외운다고 이해되는 게 아니었다. 그 개념을 혼자서 이해하느라고 끙끙대다 정작 시험에 필요한 암기를 하지 못해 성적이 잘 안 나온 적도 많았다.

나는 아직도 중학교 1학년 때 '밀도'라는 개념이 나를 얼마나 괴롭혔는지를 생생히 기억하고 있다. 부피란 겉에서 보이는 크기를 이야기하고, 질량이란 들어서 무거운 정도를 말한다. 그런데 밀도가 무엇인지는 도대체 감이 오지 않았다. 선생님은 그저 밀도란 부피를 질량으로 나눈 것이라고만 가르쳤는데, 실생활에서 밀도라는 개념이 어떻게 쓰이는지 모르는 상태에서 그걸 공식으로만 외울 수는 없었다.

그렇게 몇 날 며칠을 밀도에 대해서 고민하던 어느 날, 갑자기 어떤 물질의 촘촘하고 성긴 정도를 말하려면 밀도라는 개념이 필요하겠다는 생각이 들었다. 예를 들어 쇠는 단단하고 솜은 푹신푹신하다. 이때 질량은 무게를 달아 보면 되고 부피는 크기를 재보면 되는데, 단단하고 푹신한 성질은 밀도라는 개념이 있어야 설명이 가능하다는 게 내 결론이었다.

그러고 나니 밀도라는 개념은 물건의 부피, 질량 등의 개념과 함께 내 머릿속에 단단히 붙어 하나의 지식 뭉치로 자리 잡혔다. 그다음부터는 물상 과목에서 나오는 개념들을 비교적 손쉽게 이해할 수 있었다.

우리가 아이들에게 지식을 가르치는 이유는 그것이 우리가 사는 세상의 숨어 있는 진리를 알게 해주기 때문이다. 그러므로 책에서

만 읽고 그치는 지식들은 시험용 지식일 뿐 실제 생활에서 부딪히는 문제들을 해결하는 데 전혀 도움을 주지 못한다.

아이에게 문제 해결력을 키워 주어야 하는 이유

지난 50여 년 동안 지식의 양은 상상도 못할 수준으로 많아졌다. 또 디지털 시대가 되면서 누구나 마음만 먹으면 지식을 쉽게 얻을 수 있어 얼마나 많은 지식을 아는지가 예전만큼 중요하지 않게 되었다.

또 시시각각 변하는 상황 속에서 이전의 지식으로는 해결할 수 없는 새로운 문제들이 속속 등장했다. 그러다 보니 새로운 환경에 부딪혔을 때 빠르게 적응해서 문제를 해결할 수 있는 인재를 요구하는 시대가 되었다. 언젠가부터 유럽과 미국이 '지식을 가르치는 교육'에서 탈피하여 '문제를 해결하는 교육'으로 교육 개혁을 시도하는 것도 이러한 시대의 움직임과 깊게 연관되어 있다.

그래서 우리가 선진국이라고 부르는 나라들에서는 더 이상 공식을 가르치고 무조건 암기하게 하는 교육을 하지 않으려 한다. 지식을 바로 가르치는 대신 하나의 정보가 지식이 되는 과정을 가르친다. 런 하우 투 런의 방법을 사용하는 것이다. 그래서 어떤 새로운 정보가 들어와도 결코 놓치지 않고 기존의 지식과 연결시키는 사고의 틀을 배울 수 있게 한다. 이 교육의 목표는 아이가 어떤 상황에 부딪혀도 스스로 문제를 해결하고 살아남을 수 있도록 하는 것이다.

다시 전자석 만들기의 예를 들어 보자. 문제를 해결하는 교육에서는 앞에서처럼 '전류의 세기는 코일의 수에 비례한다'는 공식을 제시하고 외우게 하는 대신 '가장 센 전자석을 만들어라'라고 먼저 아이들에게 문제를 던진다.

그런 다음 실험을 통해서 전자석의 원리를 체험하게 하면 아이들은 여러 방법을 동원해서 다양한 결과물을 가지고 온다. 그중에서 가장 센 전자석을 뽑고, 왜 가장 센지 그 이유를 다른 전자석과 비교해서 아이들 스스로 찾아내게 한다. 코일을 어느 정도 촘촘히 감았는가, 전구를 몇 개 연결했는가, 전지가 병렬식인가 직렬식인가 등등의 차이에 따라 전자석의 세기는 다를 것이다. 그런 차이들을 모두 종합해 보면 가장 센 전자석을 만드는 원리, 즉 '전류의 세기는 코일의 수에 비례한다'는 공식을 스스로 도출해 낼 수 있다.

스스로 공식을 이끌어 낸 아이들은 단순히 공식만 아는 것이 아니라 이와 비슷한 과학적 지식에 대한 의문이 생겼을 때 전자석을 만들었던 방식을 적용할 수 있게 된다.

다시 말하면 전자석의 원리를 그냥 암기한 아이는 비슷한 류의 새로운 지식을 접했을 때 무조건 외우는 데 반해서, 런 하우 투 런 학습법으로 공식이 어떻게 도출되었는지를 체험한 아이는 새로운 지식이 어떻게 나온 것인지를 유추해 볼 수 있다. 그러니 새로운 문제 앞에서 당황하거나 도망가지 않고 어떻게든 해결책을 생각할 수 있는 문제 해결력이 길러질 수밖에 없다.

결국 런 하우 투 런은 단순 암기가 아니라 문제 해결력을 기르는 교육에 딱 들어맞는 학습법이라고 볼 수 있다.

21세기 생존법, 런 하우 투 런

당신은 아이를 왜 학교에 보내고 공부를 시키는가? 지식을 많이 가르쳐서 학자로 만들고 싶은가? 아니면 고시에 합격해서 사회적으로 높은 지위를 갖게 하고 싶은가? 아니면 전문직을 가지게 해서 안정된 생활을 하게 하고 싶은가? 어떤 것도 정답은 없다.

하지만 분명한 건 앞으로의 사회는 현재 우리가 살고 있는 사회와는 확실히 다를 것이라는 사실이다. 우리 아이들은 예측 불가능한 사회에서 살아가야 한다. 그러기 위해서는 아이들의 문제 해결력을 키워 주는 것이 시급하다.

지금 미국에서 첫 직장으로 제일 각광받는 곳은 연봉이 적더라도 많은 경험을 해 볼 수 있는 곳이라고 한다. 나중에 진정한 실력자가 되려면 무수한 경험이 필요한데 그것을 제공하는 직업이 제일이라는 것이다. 그래야 나중에 하라는 대로만 하는 단순 샐러리맨이 아니라 작더라도 오케스트라 지휘자가 될 수 있다고 생각하기 때문이다.

그런 직장에서 배우는 것이 바로 문제 해결력이다. 새로운 상황에 부딪혔을 때 상황을 분석하고 물건 하나를 더 팔기 위해 어떤 방법이 필요한지를 직접 몸으로 뛰면서 알아낸다. 그렇게 젊은 시절을 보낸 사람과 하라는 일만 했던 사람이 직장에서 나왔다고 해 보자. 어느 쪽이 더 생존력이 높을지는 불을 보듯 뻔한 일이다.

모든 것이 불확실한 시대, 이제는 유연성 있는 사고로 무장해서 변화를 지극히 당연한 것으로 여기며, 변화를 즐기고, 변화를 이끌어 나갈 수 있는 인재를 키우는 교육이 필요하다. 그런 의미에서 나는 우리가 아이들에게 가르쳐야 할 것은 런 하우 투 런이라고 확신한다.

지금 당장 써 먹을 수 있는 런 하우 투 런 학습법 20가지

다음은 부모가 아이의 런 하우 투 런을 돕기 위해 해 줄 수 있는 방법들이다. 내가 직접 내 두 아들과 내가 치료하는 아이들에게 적용한 후, 그로 인해 분명 좋은 효과를 거두었다고 판단한 것만 엄선했다. 그러므로 당신도 인내심을 가지고 그대로 따라 한다면 기대 이상의 수확을 거둘 수 있을 것이다.

1. 저학년 때 중요한 것은 '논리'가 아니라 '직관'이다

초등학교 1~2학년 아이들에게 시계 문제를 풀게 해 놓고 잘 관찰하면 재미있는 것을 발견할 수 있다. 초등학교 수학 교과서는 분명히 큰 바늘이 1, 2, 3 각 숫자들을 가리키면 5분, 10분, 15분이라는 오진법을 기본으로 가르치고 있는데, 그걸 적어 가면서 풀고 있는 아이들은 거의 없다. 대신 아이들은 시계를 그냥 노려보고 있다가 손가락으로 대충 계산한 다음 답을 적는다. 그러고 나서 "어떻게 그 문제를 풀었니?"라고 물으면 "그냥요. 딱 보니까 알겠던데요"라고 대답한다.

아이들이 시계 문제를 이런 식으로 푸는 것은 논리나 계산 능력이 부족하기 때문만은 아니다. 그냥 보고 척 아는 '직관'이 훨씬 더 우세하다고 보면 된다.

직관은 어떤 문제를 접했을 때 애서 분석하지 않아도 그냥 보고 답을 알아내는 능력이다. "대충 보고 찍었어요"라고 했는데도 꽤 좋은 성적을 냈다면 직관이 발달한 아이라고 볼 수 있다.

저학년 때는 아이들이 척 봐서 알 정도로 단순한 문제가 많기 때문에 직관이 발달하게 된다. 이때 발달하는 직관은 문제를 통합해서 볼 줄 아는 능력이기 때문에 되도록 보호해 주는 게 좋다. 만약 이때 아이로 하여금 문제를 분석적으로 바라보게 만들면 직관이 발달하는 것을 방해할 수 있다.

직관을 풍부하게 발달시키면서 고학년이 된 아이들과 그렇지 않은 아이들은 사고의 틀을 만들어 내는 데서 차이가 나게 된다. 직관이 발달한 아이들은 전체를 보는 능력이 있어서 훨씬 더 빨리 사고의 틀을 만든다. 세세하고 지엽적인 것을 외울 때도 그것이 전체와 어떤 관련이 있는지를 금방 유추해 낸다.

그러므로 저학년 때 너무 '논리'를 따져서 아이의 직관을 방해하지 마라. 아이의 생각 주머니를 작게 만들 수 있다.

2. '몰라요'라고 대답하면 최소한 4가지의 대안을 제시하라

"엄마, 엄마. 이건 너무 어려워요."

어느 날 정모가 국어 숙제가 너무 어렵다며 나에게 도움을 청했다. 잔뜩 찡그린 얼굴이 아주 볼만했다. 요즘 교과서에는 아이들의 평균 수준을 조금 뛰어넘는 심화 문제가 있는데, 정모가 들고 온 문제가 바로 그 심화 문제 중 하나였다.

혹부리 영감 이야기를 기억하는지……. 얼굴 한쪽에 큼지막한 혹이 달린 혹부리 영감이 하루는 산에 올라갔다가 길을 잃고 헤매다 도깨비들을 만났다.

겁이 난 혹부리 영감은 일부러 노래를 크게 부르는데 도깨비들이 혹을 보고 그것이 무엇이냐고 묻자 엉겁결에 노래 주머니라고 거짓말을 한다. 그러자 도깨비들은 신기해서 노래 주머니를 주면 돈과 보물을 주겠다고 한다. 혹부리 영감이 그 제안을 마다할 이유가 있겠는가. 결국 덕분에 혹도 떼고 돈도 벌게 된 혹부리 영감.

그런데 그 이야기를 들은 이웃집의 욕심쟁이 혹부리 영감이 돈을 벌 심산으로 일부러 도깨비들을 만나러 산으로 간다. 그러나 웬걸,

혹이 노래 주머니가 아니라는 걸 안 도깨비들은 한 번 속지 두 번 속느냐며 오히려 가지고 있던 혹까지 욕심쟁이 영감의 얼굴에 붙여 주고 간다.

문제는 이 고전에서 두 번째 혹부리 영감이 왜 혹을 떼지 못하고 오히려 하나 더 붙이게 되었는지를 묻고 있었다. 이야기의 내용을 잘 이해하고, 등장인물들이 한 행동의 이유를 잘 생각해야 답할 수 있는 문제였다.

문제를 파악한 다음 나는 먼저 정모에게 "네가 혹부리 영감님이라면 어땠겠어?"라고 물었다.

"아, 몰라요. 돈이 더 가지고 싶었나 보지요."

나는 이때다 싶어 정모를 향해 손가락을 하나씩 꼽으면서 답했다.

"그래, 그게 1번이다. 하나, 돈에 욕심이 났다. 그거 말고 다른 이유는 없었을까?"

"글쎄요……."

"그러면 엄마 생각을 말해 볼게. 둘, 그 혹부리 영감님이 혹이 너무 싫어서 떼고 싶었다. 만약 혹이 좋다면 팔 생각은 하지 못했을 테니까."

"아, 그럴 수도 있네요. 음…… 그럼 셋, 혹시 첫 번째 혹부리 영감님이 거짓말하는지 알아보고 싶었던 게 아닐까요?"

"그래, 그랬을지도 모르겠네. 그럼 넷, 자기 노래 실력을 자랑하고 싶었던 건 아닐까? 자기가 노래를 잘하니까 도깨비들이 더 비싼 값에 살 거라고 생각하고 말이야."

"하하하. 엄마, 그건 말도 안 돼요."

"왜? 그랬을지도 모르는 일이잖아. 그 혹부리 영감님 속을 누가 알겠니?"

문제가 어렵다고 울상을 짓던 정모는 나와 이야기를 하면서 신나게 스스로 답을 유추해 낼 수 있게 되었다. 내가 정모에게 생각을 할 수 있도록 이끈 방법은 바로 '사지선다형'이었다. 흔히 답을 네 개 주고 하나 고르게 하는 객관식 문제는 아이들의 사고력을 망치는 주범으로 이야기되곤 한다. 하지만 대부분의 저학년 아이들은 조금만 어려운 문제가 나와도 곧바로 '몰라요', '싫어요', '안 해요'라고 말한다. 아직 생각하는 방법을 모르기 때문이다. 그럴 때는 반드시 대안이 필요하다.

나는 아이들이 유치원생일 때부터 적어도 네 개의 대안을 제시하고 "이중에 뭐가 제일 마음에 들어?"라고 물었다. 그럼 아이들은 네 개가 모두 한 문제의 답이 될 수 있다는 것을 깨달으면서 그 답들을 같은 항목으로 기억해서 분류한다. 그러면서 그중 어떤 게 가장 답에 가까운지를 생각하기 때문에 비교하고 분석하는 능력이 생긴다.

이처럼 사지선다형이 무조건 나쁜 것이 아니다. 오히려 저학년 아이들에게는 사지선다형이 사고력을 키우는 방법일 수 있다. 엄마가 네 개의 대안을 생각해 낼 수만 있다면 말이다.

3. 잘하는 과목부터 시작하라

저학년 때 아이를 신나게 놀게 했던 엄마들도 아이가 4학년이 되면 긴장하기 시작한다. 그리고 이제 슬슬 공부를 시켜야 하지 않을까 생각한다. 보통 주위에서 너나없이 이구동성으로 "4학년 때가 정말 중요하다"라고 하기 때문이다.

아이들도 확실히 4학년이 되면 공부에 대한 부담을 가지기 시작한다. 교과 과정 자체가 그만큼 어려워지기 때문이다. 그러나 그때쯤 되면 아이들의 사고력 역시 어려워진 학교 공부를 감당할 수 있을 만큼 향상된다. 그래서 저학년 시기를 잘 보낸 아이라면 나는 4학년 때 슬슬 공부를 시키라고 권한다.

그런데 이때 꼭 염두에 두어야 할 사항이 하나 있다. 바로 '잘하는 과목'부터 시키라는 것이다. 아이마다 잘하는 과목, 좋아하는 과목이 하나씩은 있다. 수학을 싫어하는 아이는 상대적으로 국어를 좋아하고, 공부라면 모두 싫어한다는 아이도 성적표를 들여다보면 조금이라도 더 잘하는 과목이 있기 마련이다. 바로 그 과목부터 확실히 잘하게 만들라는 것이다.

잘하는 과목부터 시작하면 두 가지 장점이 있다.

첫째, 아이에게 '나도 잘하는 과목이 하나쯤은 있다'라는 자신감을 줄 수 있다. 경모는 다른 과목보다 수학을 잘하는 편이었다. 그런데 고학년으로 올라가면서 문제가 길어지자 고전을 면치 못했다. 수학을 못해서가 아니라 문제를 읽고 이해하는 능력이 부족해서였다.

그래서 우선 다른 과목은 제쳐 놓고 아빠와 함께 '문제 쪼개 읽기' 훈련을 했다. 몇 달 후 기말 시험을 보고 온 경모는 "어려운 문제가 하나 있었는데 그건 나밖에 못 풀었을 걸" 하고 뿌듯해했다. 그 이후 경모는 "중학교 가면 어떻게 공부할래?"라고 걱정스러워하는 엄마 아빠의 말에 "하면 되지요, 뭐" 하고 담담히 답하게 되었다. 그것은 '나도 잘하는 과목이 하나쯤은 있다'라고 생각할 수 있게 되면서 나온 결과였다.

두 번째 장점은 한 과목을 잘하면 다른 과목도 쉽게 잘할 수 있다는 것이다. 런 하우 투 런의 기본 원리 중 하나는 정리가 잘된 지식의 뭉치를 많이 만드는 데 있다. 그런데 지식 뭉치의 생김은 국어와 수학, 과학이 다를 수 있지만 그 뭉치를 만들기 위해 생각을 하는 과정은 비슷하다.

경모의 예를 들어 보자. 경모는 수학 문제를 풀기 위해서는 문제 쪼개 읽기라는 치밀한 논리적 분석력이 필요하다는 것을 깨달았다. 그러므로 경모는 앞으로 과학 문제를 풀면서도 무작정 문제를 풀기에 급급해하지 않을 것이다. 대신 문제를 어떻게 바라봐야 할지 고민할 것이다. 이를테면 하나하나 따져야 하는 것인지, 국어처럼 읽고 이해해야 하는 것인지, 아니면 또 다른 방법이 필요한지 스스로 고민해 보는 것이다.

새로운 지식을 무조건 외우기 전에 그것을 받아들이기 위해서는 어떤 생각의 틀이 필요할지 스스로 알아내는 수준, 그 수준으로 올라갔을 때 아이들은 비로소 많은 양의 공부를 어렵지 않게 할 수 있게 된다.

그러기 위해서는 아이가 잘하는 과목부터 할 수 있도록 부모가 도와주어야 한다. 잘하는 것부터 시작해야 공부의 재미를 느낀다.

4. 독후감을 싫어하면 10줄 서평을 쓰게 하라

초등학교에서 가장 많이 내주는 숙제 중 하나가 바로 독후감 쓰기다. 그런데 독후감 쓰기가 아이들을 얼마나 괴롭게 만드는지 아마 어른들은 잘 모를 것이다. 물론 책 읽기를 유난히 좋아하고 언어적 논리력이 뛰어난 아이는 책 읽고 척척 독후감을 써내겠지만 그런 아이는 사실 아주 드물다.

내가 우리 아이에게 시켜 보니, 독후감 쓰기를 강요하면 아이에 따라서는 글쓰기 자체를 싫어하게 되는 역효과도 낳는 것 같다. 일기는 사적인 이야기라서 습관만 들여 주면 어느 정도 써내려 하고, 신문을 읽고 쓰는 것도 크게 어려워하지 않는다. 특히 신문 읽고 쓰기는 '교사의 체벌 금지', '농수산물 수입 반대 데모'처럼 자기가 관심 있는 주제를 찾아내는 재미가 있어서, 자기 의견을 쉽게 써 내려가는 편이다.

그런데 독후감은 일단 아이들에게 책을 읽고 요약을 해야 한다는 중압감을 준다. 게다가 자신의 생각과 저자의 생각을 구분해서 같은 점과 차이점을 써야 한다. 생각해 보라. 책을 읽는 것도 버거워하는 게 보통 아이들이다.

그러니 독후감을 쓴다는 것 자체가 대부분의 초등학생에게는 무척이나 힘든 일일 수밖에 없다. 그러므로 잘못하면 아이에게 독후감을 쓰게 하려다 책 읽는 것 자체를 싫어하게 만드는 결과를 낳을 수도 있다.

그래서 대신 생각해 낸 방법이 서평을 쓰게 하는 것이다.

겨울방학을 앞두고 경모에게 《중학생이 꼭 읽어야 할 소설》이라는 책을 읽게 했다. 이제 중학교에 올라가는 경모에게 무엇이 좋을까 고민하다 선택한 책이었다.

나는 경모에게 그 책에 나오는 짧은 소설들을 읽고 열 줄 이내로 서평을 쓰게 했다. 처음 읽고 서평을 쓴 소설은 현진건의 〈운수 좋은 날〉이었다.

'나한테는 이 책이 좀 어렵다. 이해가 가지 않는 부분이 많다. 주인공의 아내가 결국 굶어 죽었다. 슬픈 이야기이긴 한데 요즘 시대와 너무 동떨어진 것 같다. 이런 소설을 내가 꼭 읽어야 하나? 엄마가 읽으라니까 읽긴 하는데 너무 처참한 이야기들은 별로 읽고 싶지 않다.'

기대했던 것보다 훨씬 훌륭한 서평이었다. 그래서 "참, 잘 썼다, 경모야. 어쩜 글을 이렇게 잘 쓸 수 있니?" 하고 칭찬을 해 주었다.

그러자 경모는 "아, 이렇게 쓰면 되는 거예요? 그런 거면 문제없어요"라며 강한 자신감을 드러냈다.

그처럼 짧게 쓰는 서평은 독후감과 달리 아이에게서 책 읽는 재미를 빼앗지 않을 뿐더러 책 읽은 후 글을 쓰는 데 대한 부담도 덜어 준다. 그러므로 독후감을 쓰라고 하면 인상부터 찡그리는 아이에게는 서평을 쓰게 하는 것도 하나의 방법이다.

5. 사고력, 노트 정리법으로 키워라

당신의 아이는 노트 정리를 얼마나 잘하는가? 혹시 '글씨를 예쁘고 또박또박 잘 쓰고 필기 내용을 빠뜨리지 않는다' 등등의 생각을 하고 있는가? 내가 지금 말하는 노트 정리는 그런 것이 아니다.

사회 과목을 예로 들어 보자. 사람들은 보통 사회 과목을 암기 과목이라고 여기지만 내 생각은 다르다. 사회는 국어 못지않게 사고의 틀을 만드는 기초 과목이다. 정의와 개념이 너무 많다 보니 생각도 하기 전에 외울 생각부터 하면서 암기 과목이라는 오명을 썼을 뿐이다.

사실 사회 교과서에서 우리가 외워야 할 것이라고 생각하는 것들은 상당히 어려운 추상적 개념들이다.

초등학교 6학년 2학기 사회 과목에는 '우리나라의 민주 정치'라는 단원이 있다. 그 단원은 정치와 생활, 국민이 주인 되는 나라, 지방 자치라는 소단원으로 구성되어 정치, 민주주의, 주권과 같은 개념을 가르치고 있다.

그런데 이 개념들이 무엇인지 아이들에게 쉽게 설명할 수 있는 어른이 과연 몇이나 될까. 어른들도 제대로 설명하지 못하는 개념들을 아이들이 몇 마디로 외워 봤자 그게 진짜 지식으로 남을 리 만무하다.

그럴 때 내가 권하는 방법이 바로 '노트 정리법'이다.

우선 시험 범위만큼 교과서를 읽게 한다. 그러고 나서 다시 처음으로 돌아와 제목만 굵직굵직하게 쓰게 한다. 이때 칸은 좀 넓다 싶게 띄우는 것이 좋다. 그다음에는 노트를 덮고 여기서 무슨 내용이 나올지 상상해 보게 한다.

예를 들어 '우리나라의 민주 정치'라는 단원에서 '대통령이 하는 일'이 큰 제목으로 나왔다면 노트를 덮어 놓고 '대통령이 하는 일이 뭘까?'를 골똘히 생각해 보게 하는 것이다.

처음에 이 방법을 시도했을 때 경모는 "대통령은 그냥 텔레비전에 나오는 사람 아니에요?"라고만 답했다. 내가 "책에 그렇게 나와 있을까? 책에 어떻게 나와 있을지를 생각해 봐"라고 물었는데도 "엄마, 생각이 잘 안 나요"라고만 했다. 외울 생각만 했지, 어떤 개념을 깊이 생각해 본 적이 없어서였을 것이다. 보다 못해 나는 경모에게 교과서에서 대통령 부분을 찾아 읽게 했다. 그런 다음에 다시 제목을 보면서 "책에는 뭐라고 써 있든?" 하고 물었더니 대강 비슷하게 대답을 했다.

이처럼 노트 정리법은 사회 과목처럼 이미 남이 만들어 놓은 지식을 토막토막 일부분으로 기억하게 하지 않고 큰 틀 안에서 바라볼 수 있는 눈을 키워 준다.

그래서 이 방법으로 공부를 하면 굳이 암기를 할 필요가 없다. 사고의 큰 틀이 형성되어 있기 때문에 논리를 가지고 문제를 대할 수 있는 것이다.

물론 초등학생들에게 이런 방법은 조금 어려울 수 있다. 하지만 이 방법이야말로 확실하게 런 하우 투 런을 배울 수 있는 방법이다. 모든 단원을 이렇게 하기 힘들다면 한 학기에 중요한 한 단원 정도만 이렇게 봐 주어도 아이들의 실력은 쑥쑥 올라갈 것이다.

6. '왜?'라는 질문을 할 때 답하는 것에서 멈추지 마라

"엄마, 왜 물이 끓으면 수증기가 돼요?"

과학책 보는 데 재미가 들려서 '왜?'라는 말을 입에 달고 살던 정모가 어느 날 내게 물었다.

"응. 물은 분자로 이루어져 있는데 열을 가하면 물 분자의 에너지가 많아지면서 서로 거리가 더 멀어지게 돼. 그래서 수증기가 되는 거지."

"아, 그렇구나."

정모가 이해한 듯이 고개를 끄덕이는 순간 나는 질문 하나를 되던졌다.

"근데 정모야. 아이스박스에 넣는 드라이아이스 있지? 그건 왜 고체에서 바로 기체로 가는 걸까?"

"글쎄요······. 그건 왜 그렇지?"

"한번 생각해 보렴."

아이가 '왜?'라는 질문을 하는 것은 자신이 알고 있는 지식과 새로운 정보가 상충한다고 느끼기 때문이다. 그러므로 아이가 '왜?'라는 질문을 할 때는 이미 알고 있는 지식과 지금 궁금한 현재 상황을 논리적으로 연결해서 하나의 고리를 형성할 수 있는 절호의 기회다.

이때 엄마가 "원래 그래"라든가 단답식으로만 대답하면 새로운 지식은 기존 지식과 연결되지 못해 금방 잊어버리게 된다.

내가 정모의 '왜?'라는 질문에 대해 답을 일러 주면서 다른 질문을 하나 더 던진 이유는 하나의 지식이 다른 곳에서 응용된다는 것을 가르쳐 주기 위해서였다.

만약 내가 "근데······"로 시작하는 질문을 정모에게 하지 않았다면 정모는 아마 분자와 에너지의 관계가 모든 물질의 형태를 결정하는 가장 기본적인 원리임을 깨닫지 못했을 것이다.

아이가 질문을 할 때는 기존에 배운 지식과 현재 상황을 논리적으로 연결하게끔 답해 주고, 아이가 이해를 한 것 같으면 "그런데······"로 시작하는 질문을 하나 더 해 보라. 아이가 지식 체계를 스스로 생각하면서 세우게 하는 데 이보다 좋은 방법은 없다.

7. 컴퓨터와 텔레비전으로부터 아이를 보호하라

심하다고 할지도 모르겠지만 나는 이렇게 단언하고 싶다.

"컴퓨터와 텔레비전은 아이의 공부를 방해할 뿐만 아니라 더 나아가 아이의 인격, 아이의 인생까지 망칠 수 있다."

컴퓨터와 텔레비전의 폭력성과 선정성도 문제지만 그 이야기를 하려는 게 아니다. 내가 그보다 더 중요하다고 생각하는 것은 엄마들이 아이의 텔레비전 시청과 컴퓨터 게임에 대해 얼마나 영향력을 휘두르고 있느냐는 점이다. 내가 농담 삼아 직장에 다니는 엄마들에게 텔레비전과 컴퓨터의 코드를 핸드백에 넣고 다니라고 하는 건 바로 이런 이유에서다. 없으면 작동이 안 되는 중요한 부품을 엄마가 가지고 다니면 아이들의 텔레비전 시청을 어느 정도 컨트롤 할 수 있지 않을까 해서다.

그래서 나는 아이를 컴퓨터와 텔레비전에서 떨어뜨려 놓으려고 할 수 없이 학원에 보낸다는 어느 맞벌이 엄마의 말에 충분히 공감한다. 물론 어떤 경우에는 학원이 그보다 더 심한 공부의 방해 요인이 될 수도 있지만 말이다.

텔레비전과 컴퓨터가 아이들의 공부를 방해하는 정도는 정말 상상 이상이다. 우선 아이들을 수동적으로 만든다. 생각할 틈을 주지 않고 빠른 속도로 현란한 시각 정보를 제공함으로써 아이들로 하여금 스스로, 알아서 생각할 기회 자체를 앗아 간다. 또 재미있는 시각 자극에 길들여진 아이들은 밋밋한 학습 자극과 문자 자극에 집중하는 능력이 현저히 떨어지게 된다.

실제로 학습 문제 때문에 병원을 찾은 아이들 중에는 자극적이고 단순한 게임에 빠져 들어 사고하는 능력 자체가 줄어든 아이가 많다. 그럴 경우 아이를 치료하려면 게임을 끊는 것 외에도 특별한 사고 훈련이 필요하다.

그러므로 부모들은 늘 아이들을 텔레비전과 컴퓨터로부터 보호하기 위해서 두 눈을 부릅뜨고 정신을 바짝 차려야 한다. 하루에 몇 번, 일주일에 몇 시간만 하라며 아이와 타협해서도 안 된다. 엄마 아빠가 단호한 태도를 취해야 아이가 아무 생각 없이 정신을 텔레비전과 컴퓨터에 맡겨 버리는 일이 발생하지 않는다.

깊이 있는 사고는 방해 요인이 없어야 가능하다. 그리고 좀 심심한 듯해야 스스로 머리를 굴려 생각을 하게 된다. 그런 의미에서 컴퓨터와 텔레비전은 아이의 능력을 좀먹는 최고의 방해 요인이다. 특히 학년이 올라갈수록 아이를 제대로 공부를 시키는 것은 이 방해 요인을 얼마나 철저히 없앨 수 있느냐에 달려 있다 해도 과언이 아니다.

8. 공부를 싫어하는 아이에겐 보상을 아끼지 마라

"우리 애는 왜 스스로 공부를 안 할까요?"

이런 고민을 하는 엄마들에게 나는 아이에게 특별한 문제가 없다면 잘 꼬드겨 보라고 이야기한다. "이번 시험에서 80점 받으면 바퀴 달린 신발 사 줄게", "수학 점수 10점 오르면 놀이동산 데리고 갈게"라는 미끼(?)는 아이를 책상 앞에 앉게 하는 아주 훌륭한 동기가 되기 때문이다. 어떤 엄마들은 이렇게 말한다.

"선생님, 그러다가 아이 버릇이 잘못 들면 어떻게 하죠? 공부는 스스로 해야 하는 거 아닌가요?"

물론 공부는 스스로 해야 한다. 하지만 대부분의 사람들에게 공부는 결코 재미있는 일이 아니다. 지루함을 참아야 하고, 못하는 것을 연습해야 하고, 생각이 잘 안 나는데도 머리를 쥐어짜야 하는 힘든 일이다. 특히 저학년 아이들에게는 더 그렇다.

그런데 아무런 실질적인 보상도 없는 상태에서 공부를 하라고 하는 것은 인간의 본성을 크게 거스르는 일이다. 그러므로 무엇보다 아이가 공부를 싫어하지 않도록 그 세계에 천천히 발을 들이도록 하는 것이 중요하다.

그래서 나는 저학년 때는 공부를 시키는 데 있어 적당한 보상을 해 주는 게 반드시 필요하고, 고학년이 되어서도 한두 번쯤 보상을 해 주어도 좋다고 본다.

정모는 진득하게 앉아서 책을 읽는 타입이 아니다. 그래도 과학 분야의 책은 좋아하는 편이라 스스로 읽기도 하는데, 창작 동화나 위인전 같은 책들은 웬만해서 안 읽으려고 한다. 하지만 나는 정모에게 책을 읽히고 싶었다. 인문 관련 책들은 처음에 손을 놓아 버리면 재미를 붙이기 힘든 데다가, 인문학적인 지식이 쌓여야 고학년에 올라가서 더 어려운 책도 읽고 논술도 잘할 것이라고 생각해서였다.

그런데 아무리 생각해도 정모를 꼬드길 마땅한 방법이 떠오르지 않았다. 결국 나는 돈으로 해결하기로 했다.

"정모야, 여기 있는 책들을 한 권씩 읽으면 300원씩 줄게. 어때?"

"와 신난다. 엄마 정말이에요?"

정모는 예상대로 무척 신나 하면서 책을 읽기 시작했다. 얼른 세 권 읽고 900원을 모아 자기가 먹고 싶은 과자를 사 먹는다면서 눈에 불을 켜고 책을 읽었다. 물론 나는 이 방법을 고학년 때까지 적용하진 않았다. 어찌 되었든 정모는 고학년이 되면서 스스로 책 읽는 재미를 알게 되었기 때문이다.

정모처럼 저학년인 경우는 그렇지만, 고학년 아이의 동기를 불러일으킬 만한 보상은 '어른 대접'인 것 같다.

경모는 초등학교 6학년 때까지만 해도 글쓰기를 너무 싫어했다. 생각 끝에 경모에게 아빠가 쓰던 낡은 노트북을 물려주면서 거기에 글을 쓰게 했다.

경모는 노트북에 글을 쓰는 자신의 모습을 아주 뿌듯해하면서 그 쓰기 싫어하던 글을 썼다. "엄마, 이제 글 쓰는 거 문제없어요"라고 하면서 말이다.

보상은 동기를 불러일으키는 아주 훌륭한 촉진제다. 그러니 아이의 동기를 이끌어 내기 위해 보상을 제공하는 것을 절대 두려워하거나 아까워하지 마라.

9. 집중력을 키워 주고 싶다면 먼저 '학습 동기'를 제공하라

정모가 유치원 다닐 때의 일이다. 1부터 20까지 숫자 세는 법을 가르치려고 학습지 비슷한 것을 주고 풀게 했다. 정모가 너무 움직이는 것만 좋아해서 앉아서 공부하는 경험을 쌓게 하려는 의도도 있었다. 주어진 그림을 하나하나 세어 숫자를 적는 것이었는데 정모는 의외로 상당한 집중력을 가지고 문제에 몰두했다.

그런데 푸는 모습을 가만히 보니 그림들을 하나하나 세는 게 아니라 그냥 보고 있다가 척 하니 답을 적고 있었다.

정모가 다 풀기를 기다렸다가 어떻게 그렇게 세지도 않고 답을 적었느냐고 물었더니, 눈으로 다섯 개씩 묶어서 세면 빨리 센다고 했다. 그러더니 "엄마, 나 이거 빨리 하고 텔레비전에서 하는 만화 봐야 하거든요? 얼른 할게요" 하고 부리나케 나머지 문제를 푸는 것이 아닌가.

그때 나는 비로소 정모로부터 놀라운 집중력을 이끌어 낸 것은 바로 텔레비전에서 하는 만화라는 걸 깨달았다.

아이들의 집중력은 동기가 있는지 없는지에 따라 크게 달라진다. 물론 뇌의 특성상 집중할 수 있는 시간이 짧은 아이들도 있다. 하지만 뇌에 문제가 있는 게 아니라면 대부분 아이들은 그것을 하고 싶지 않을 때 집중력이 없어진다.

공부에 대한 동기 부여 방법이 꼭 물질적인 보상이어야 하는 것은 아니다. 아이를 잘 관찰해 보면 남에게 자랑하고 싶은 욕구 때문에 공부를 하는 경우도 있고, 공부를 해야만 자기가 원하는 활동을 할 수 있는 자유가 주어지기 때문에 공부를 하는 아이도 있다. 즉 그런 것들도 충분히 공부를 하게 만드는 동기가 될 수 있다.

보통 아이들은 엄마에게 학교에서 있던 일을 자세히 이야기하지 않는다. 그런데 정모는 수업 시간에 배운 내용까지 아주 자세하게 나한테 말한다.

"선생님이 그러시는데 제2차 세계대전 때 처칠이 폐렴에 걸렸대요. 그때는 페니실린이 나온 다음이라 처칠을 살릴 수 있었대요. 그런데 엄마, 페니실린이 어떻게 균을 죽이나요?"

사람들은 이런 정모를 보고 "수업 시간에 선생님 말을 참 잘 듣나 보다", "기억력이 참 좋다"라고 하는데, 정모가 그런 행동을 하는 이유는 엄마에게 자랑하기 위해서다. 항상 형에게 밀린다는 생각을 하는 둘째로서 엄마가 좋아하는 일을 해서 엄마의 관심과 사랑을 받겠다는 마음이 정모로 하여금 어려운 공부도 참아 내게 만든 것이다.

아이에게 '넌 왜 그렇게 공부할 때 집중을 못하니?'라고 탓하기 전에 아이가 정말 하고 싶어 하는 게 무엇인지 살펴보라. 집중력을 기르는 것은 아이들의 마음을 어떻게 움직이느냐에 달려 있다.

10. 재미있는 공부가 오래 간다

언젠가 강남 지역 초등학교에서 미술을 가르치는 선생님에게 들은 이야기다.

처음 발령을 받았을 때 설마 아이들이 미술까지 미리 배우고 왔으랴 싶었단다. 그런데 첫 시간에 정물화를 그리게 하니까 아이들이 "이거 날마다 했어요. 또 그려요?"라며 불평했다. 개중에는 "선생님, 저 데생도 할 줄 알아요"라고 말하는 아이도 있었다. 미술 학원에 다니면서 정물화쯤은 이미 지겨워진 아이들, 그 앞에서 선생님은 할 말을 잃을 수밖에 없었다.

그러나 잠시 후, 선생님은 정물화를 그리기 위해 준비한 수업 자료를 싹 치운 다음 "이제부터 너희들이 한 번도 안 해 본 진짜 재미있는 미술을 시작한다"라고 선포했다. 그러고는 아이들에게 소매를 걷어붙이고 손에 물감을 묻히라고 했다. 아이들은 선뜻 그러지 못하고 어리둥절한 표정으로 서로만 멀뚱멀뚱 쳐다보았다. 그러자 선생님은 자신이 먼저 손에 물감을 묻힌 다음 스케치북에 찍고 그것을 접어서 대칭되는 그림을 만들어 냈다.

"우와! 멋지다!"

여기저기서 탄성이 터져 나왔다. 그러고는 다들 소매를 걷어붙이더니 손에 물감을 묻히기 시작했다. 난생처음 배우는 '몸으로 하는 미술'에 아이들은 소극적인 태도를 벗어 버리고 너도나도 물감을 찍느라 정신이 없었다.

그다음에 선생님이 지시한 것은 '옆 사람 코에 그림 그리기'였다. 그림은 스케치북에 그리는 것으로만 알고 있던 아이들에게 옆 친구 코에 그림을 그리는 것만큼 신나는 일이 또 어디 있겠는가.

선생님은 그 후에도 로봇 그리기, 나만의 티셔츠 만들기 등 아이들이 재미있어 할 만한 주제로 수업을 이끌어 갔다. 그러자 아이들은 미술 시간에 '오늘은 뭐 해요?'라는 표정으로 눈을 초롱초롱 빛내게 되었다.

가장 훌륭한 교육은 아이들에게 공부하는 재미를 느끼게 하는 교육이다. 적절한 보상으로 아이의 동기를 이끌어 낼 수는 있지만 결국 아이에게 끝까지 공부를 하게 만드는 것은 공부에 재미를 느끼게 하는 일이다. 그러려면 먼저 공부가 재미있는 방법으로 제시되어야 한다.

경모가 미국에서 초등학교 다닐 때의 일이다. 미국에는 5센트, 10센트, 25센트, 50센트짜리 동전이 있다. 그러므로 오진법을 알아야 돈의 가치를 확실히 알 수 있다. 아마 우리나라 같으면 "그런 게 있으니까 그냥 외워" 그랬을 것이다.

하지만 미국 교육은 달랐다. 학교에서는 아이가 그것을 재미있게 익힐 수 있도록 교실과 복도에 발자국 그림을 붙여 놓았다. 발자국마다 숫자가 쓰여 있는데, 그 중 5, 10, 25에는 아주 크게 니켈(nickel), 다임(dime), 쿼터(quater)라고 쓰여 있었다. 선생님은 수업 시간에 아이들과 함께 숫자를 순서대로 밟으면서 5, 10, 25에서는 두 발을 모으고 "니켈", "다임", "쿼터"를 외치는 게임을 했다. 몸을 움직이는 거라면 무조건 재미있어하는 저학년 아이들에게 딱 맞는 학습법이었다.

공부도 하기에 따라서 그 어떤 게임과 만화보다 재미있을 수 있다. "공부하는 게 정말 재미있어요"라는 말을 진심으로 하는 아이들이 있을 수 있다는 것이다. 그처럼 따분한 공부를 재미있게 만들어서 아이들의 흥미를 이끌어 내는 능력은 선생님들이 갖추어야 하는 여러 자질 중 하나다.

하지만 안타깝게도 우리나라는 교사의 능력이 있고 없고를 떠나 그런 시도를 할 만한 여건이 갖추어져 있지 않은 게 현실이다.

무조건 책상에 앉아서 책을 읽고 문제를 푸는 것이 공부의 전부가 아니다. 공부를 '재미'라는 눈으로 바라보면 아이를 공부에 이르는 훨씬 넓은 길로 안내할 수 있다. 그리고 그 길은 생각보다 가기 쉬운 길이다.

11. 체력이 좋아야 공부도 잘한다

아이를 기르면서 엄마들이 쉽게 무시하고 넘어가는 것이 있다. 바로 체력이다.

체력이 아이들 성격과 공부에 미치는 영향은 의외로 크다. 가만히 보면 체력이 좋은 아이들이 성격도 훨씬 좋다. 잔병이 없기 때문에 엄마 아빠가 키우기도 수월하다. 아마도 그만큼 부모의 스트레스를 덜 받고 자라기 때문에 덜 예민하다. 그래서 좀 빡빡하다 싶게 공부를 시켜도 잘 버텨 낸다.

반면 알레르기가 있거나 선천적으로 약한 체력을 타고난 아이는 쉽게 지치고 예민한 편이다. 이런 아이들은 오래 앉아 있는 것 자체를 힘들어하는 경향이 있다.

그럴 경우에는 섣불리 공부를 시키는 것보다 세심한 보살핌이 필요하다. 체력이 약한 아이에게 건강한 아이와 같은 양의 공부를 시킬 수는 없는 일이다. 그러잖아도 약한 체력을 더 갉아먹게 되기 때문이다.

체력의 차이만큼이나 부모들이 염두에 두어야 할 것이 체질의 차이다.

경모와 정모는 같은 배에서 나온 형제인데도 참 체질이 다르다. 경모는 생각이 많아서 밤에 늦게 자는 체질이다. 얼른 불을 끄고 자라고 해도 낮에 읽은 해리 포터 이야기를 생각하면서 혼자 낄낄거리며 금방 잠을 이루지 못한다. 반면 정모는 머리가 베개에 닿는 순간 5분도 안 되어서 코를 곤다.

밤에 자는 게 다르니 아침에 일어나는 패턴도 다르다. 깨웠을 때 벌떡 일어나는 건 정모다. 경모는 밤에 늦게 자는 만큼 깨우기가 힘들고 깨워도 졸린 상태가 오래 간다.

공부를 하는 데에는 정모처럼 금방 자고 금방 일어날 수 있는 체질이 확실히 유리하다. 하지만 그것은 타고난 수면 패턴이라서 아무리 일찍 일어나라고 닦달해도 쉽게 고쳐지지 않는다.

엄마가 할 일은 혹시 아이가 체력이나 체질 문제로 공부가 더 힘들지는 않은지 잘 읽어 내는 것이다.

체력이 떨어지거나 체질이 학교생활과 잘 맞지 않는 아이들은 너무 과한 부담이 가지 않게 조절해 주는 것이 필요하다. 그리고 식생활이나 생활 습관 조절로 아이들의 체력과 체질이 서서히 바뀌도록 이끌어 주어야 한다.

12. 책을 읽을 때는 스스로 질문하면서 읽게 하라

요즘 대학 강의를 하는 교수들의 이야기를 들어 보면 대학생들의 읽기 능력이 정말 예전 같지 않은 모양이다. 두꺼운 원서를 읽어 내는 것은 고사하고 가벼운 읽을거리도 잘 소화하지 못한다고 한다. 그래서인지 대학마다 학습능력센터를 두고 책을 읽는 법, 이해하는 법, 요약하는 법 등을 신입생들에게 따로 가르친다고 한다. 초등학교와 중·고등학교를 합해 12년이나 피땀 흘린 공부가 입시에는 성공적이었을지 몰라도 대학 수준의 '깊은 공부'를 하기에는 모자란다는 이야기다.

공부의 기본은 남의 생각을 이해하고 거기에 대해 자신의 생각을 덧붙이는 것이다. 그리고 깊은 공부를 하기 위해서 사소한 것을 외우는 능력은 크게 중요하지 않다. 그런데 시험을 보기 위한 책 읽기는 책의 내용을 무조건 머리에 넣어야 한다는 강박 관념을 생기게 한다.

책 읽기는 절대로 일방통행이 되어서는 안 된다. 책을 읽으면서 "왜 지은이는 이런 말을 했을까?", "지은이가 하고 싶은 말은 뭘까?" 하고 질문할 수 있어야 한다. 조금 거리를 두고 책과 이야기를 주고받듯이 질문하고 생각하면서 읽어야 하는 것이다.

초등학교 고학년쯤 되면 이와 같은 독서법이 가능해진다. 아이들이 책을 읽을 때 내용을 얼마나 기억하고 있는지를 너무 중요하게 생각하지 마라. 내용을 기억하는 것만큼 책의 내용과 자기 생각을 아울러 표현할 수 있는 것도 중요하다.

13. 초등학교 글쓰기는 길게 쓰기가 중요하다

촌철살인(寸鐵殺人)이라는 한자 성어가 있다. 짤막한 말로 사람의 마음을 뒤흔든다는 뜻이다. 그래서 짧고 쉬운 말로 마음을 울리는 글을 잘 쓴 글이라고 한다.

  하지만 초등학교에서의 글쓰기 목표는 글 쓰는 재주를 기르는 데 있는 것이 아니라 생각하는 능력을 키우는 데 있다. 그래서 화려한 수식으로 문장을 꾸미기보다는 글에 많은 생각을 담을 수 있어야 한다. 그러므로 초등학교에서의 글쓰기는 길게 쓰는 것이 오히려 더 중요하다고 할 수 있다.

  그러기 위해서는 아이에게 처음부터 글을 쓰게 하기보다는 자신의 생각을 입으로 이야기하게끔 이끄는 것이 좋다. 그렇게 하다 보면 자연스럽게 자신의 생각을 한두 문장으로 써낼 수 있는 능력이 생기기 때문이다. 또 한두 줄씩 자신의 생각을 적다 보면 그것이 어느새 열 줄, 한 페이지로 늘어난다. 이러한 글쓰기 연습은 여자 아이보다 남자 아이에게 더 필요하다. 여자 아이는 특별히 가르치지 않아도 곧잘 써내기 때문이다.

  하지만 아무리 글쓰기 연습을 시켜도 잘 못 쓰는 아이들이 있다. 그럴 때는 왜 못 쓰느냐고 닦달하지 말고 아이로 하여금 생각하는 힘을 더 키울 수 있도록 도와주어야 한다. 사고력이 부족하면 글쓰기에 문제가 생기기 때문이다. 물론 이때 생각이 꼭 말로 표현되어야 하는 것은 아니다. 글을 잘 못 써도 말로 생각을 표현하는 아이가 있는 반면, 어떤 아이들은 말은 잘 못해도 글은 곧잘 쓰기도 한다. 우리 아이가 과연 어떤 성향인지 엄마가 잘 관찰해야 한다. 그래야 도움을 제대로 줄 수 있다.

14. 잘못했을 때 혼내지 말고 반성문을 쓰게 하라

아마 아이들에게 가장 야단을 많이 칠 때가 초등학교 때일 것이다. 중학교에 올라가면 아이들 나름의 자기 세계가 뚜렷이 생기기 때문에 부모도 아이가 잘못을 하면 당장 야단치기보다는 타이르고 설득하게 된다. 그런데 초등학교 시절은 아직 엄마 아빠 말이 통할 때라 부모들은 이때를 놓치지 않고 아이의 잘못을 고치려 한다.

잘못했을 때 혼내는 방법에는 여러 가지가 있겠지만 내 경험으로는 반성문을 쓰게 하는 것이 가장 좋은 것 같다. 부모는 아이가 반성문을 쓰는 동안 화를 가라앉힐 수 있고, 아이는 반성문을 쓰면서 생각하는 힘을 기를 수 있기 때문이다.

누가 형제 아니랄까 봐 경모와 정모도 곧잘 싸운다. 그럼 나는 두 아이 모두에게 반성문을 쓰게 한다. 그냥 잘못했다고만 쓰면 무조건 퇴짜다. 무슨 일 때문에 싸웠고, 자신의 잘못이 무엇인지 조목조목 쓰고, 나름대로 앞으로의 대책을 써야 통과시켜 준다. 그리고 그 반성문을 한 달 동안 벽에 붙여 놓는다.

한번은 정모가 엄마 아빠 없는 틈을 타 몰래 텔레비전을 보았다. 경모가 우연히 그 모습을 보고 정모에게 주의를 주었는데 말을 듣지 않았나 보다. 경모는 나에게 그 사실을 일러바쳤고 정모는 그 때문에 자기의 일이 탄로 나자 화가 나서 형에게 대들었다. 정모 잘못이 확실하게 더 많아 나는 경모에겐 주의만 주고 정모에게는 반성문을 쓰게 했다.

몰래 텔레비전을 봤는데
형이 그걸 엄마한테 일러바쳐서 싸웠습니다.
정모가 잘못한 것.
1. 몰래 텔레비전을 본 것.
2. 형한테 소리 지르고 대든 것.

"이것 말고도 잘못한 게 하나 더 있는데?"
기껏 써 온 반성문을 퇴짜 맞은 정모는 고민하다가 자신의 잘못을 하나 더 발견해 냈다.
"3. 거짓말한 것."
반성문은 자신이 한 행동을 다시 생각하고 분석하게 해 준다. 그러므로 잘못을 했을 때 반성문을 쓰게 하는 것은 때리거나 윽박지르지 않으면서 아이를 변화하게 하는 아주 좋은 방법 중의 하나다. 게다가 생각하는 힘도 길러 줄 수 있으니 얼마나 좋은가.

15. 추상적 사고력을 키우는 데는 미술관이 좋다

미술관이 많은 동네에 살 때의 일이다. 특별히 미술에 취미가 있는 것은 아니었지만 가까운 곳에 있으니까 아이들을 데리고 미술관에 놀러 갔다. 그런데 아이들이 예상 외로 무척 재미있어 했다.

한적한 미술관을 여유 있게 다니면서 제목을 먼저 읽고 작품을 본 다음 '왜 제목을 이렇게 붙였을까?'를 생각하면서 한참 쳐다보다가 "응, 그럴듯하네" 하고 고개를 끄덕이는 모습이 아주 제법이었다.

특히 아이들은 직접 손으로 만져 볼 수 있는 조각품을 굉장히 좋아했다. 처음에는 "이게 사암인가, 현무암인가, 대리석인가" 하면서 그저 아는 단어를 주워섬기더니 나중에는 전체적인 눈으로 조각품을 보고 "엄마, 이 사람은 왜 가슴을 뻥 뚫어 놨을까?" 하는 그럴듯한 질문을 하기도 했다.

"아마 마음이 텅 비어서 그렇게 만들어 놓았나 보다"라고 답하면 "그럼 머리가 비어 있으면 머리를 뚫어 놓으면 되겠네요" 하고 나름대로 응용하기도 했다.

또 무제(無題)라고 붙은 작품은 서로 제목을 먼저 붙인다고 "이건 바다야", "아니야, 이건 베개야"라고 하는데, 왜 그렇게 생각했냐고 물어 보면 "넓으니까요", "푹신푹신해 보이니까요"라면서 나름대로 생각한 것을 이야기하기도 했다. 놀랄 정도로 기발한 제목을 붙이는 일도 많아서 아이들이 가진 능력을 새롭게 보는 계기가 되었다.

그렇게 미술관을 한두 번 다녀온 뒤에는 미술에 관련된 책도 곧잘 읽곤 했다. 요즘 아이들이 볼 만한 미술책은 해설이 잘 되어 있는 편이다. 〈최후의 만찬〉처럼 묘사가 세밀한 그림은 제자들이 어떻게 예수의 발을 씻기고 있는지, 그 시대 신발 끈이 어떻게 생겼는지에 대해서도 설명이 되어 있어 글을 읽고 그림을 보면서 고개를 끄덕거리게 된다.

미술은 상당히 높은 수준의 상징이지만 눈으로 바로 보고 느낄 수 있어 다른 사람의 생각을 책보다 더 직관적으로 파악하게 해 준다. 그러니 가끔 아이를 데리고 미술관으로 놀러 가 보길 바란다. 아이가 상상의 나래를 펴면서 추상적인 사고력을 키워 나가는 모습을 현장에서 보게 될 테니까. 물론 이때도 아이가 어떤 것에 관심을 보이는지, 어떤 생각을 하는지 엄마가 옆에서 지켜보고 생각을 이끌어 내야 하는 것은 기본이다.

16. 학기 전, 아이의 교과서를 한 번쯤 읽어 보라

몇 년 전 영재아 쇼 야노를 홈스쿨링으로 훌륭하게 키워서 11세에 대학에 보낸 한국인 엄마의 다큐멘터리를 본 적이 있다.

영재 교육을 받았지만 또래들과 전혀 문제없이 잘 지내고, 대학에서도 자기보다 몇 살이나 많은 동급생들과 당당히 강의실에 앉아 질문하는 쇼 야노의 모습이 퍽 인상적이었다. 쇼의 성공 비결은 엄마 아빠의 홈스쿨링에 있었다. 지극히 평범한 지적 수준을 지닌 엄마는 쇼를 가르치기 위해 근처 대학에서 고급 물리 수업을 청강할 정도로 열심이었다고 한다. 그래서인지 나는 쇼가 했던 다음 말이 가장 기억에 남았다.

"엄마가 가르치는 게 제일 재밌어요."

엄마가 아이를 가르치면 '엄마와 함께한다', '엄마가 나를 이해한다'는 생각을 아이에게 덤으로 심어 준다. 또 엄마에게는 아이를 보다 정확하게 파악할 수 있는 기회를 제공해 준다.

봄 방학이 시작되어 아이들이 새 학년 교과서를 들고 오면 나는 아이들과 함께 둘러앉아 책들을 쌓아 놓고 하나하나 읽곤 했다. 비록 내가 쇼 엄마처럼 홈스쿨링을 하며 아이를 전적으로 가르치는 입장은 아니지만, 기본적으로 아이가 학교에서 무엇을 배우고 있는지는 알아야 하기 때문이다.

그래서 나는 교과서들을 쭉 훑어본 다음, 아이가 이번 학기에 꼭 배워야 할 개념이 무엇인지 과목별로 '감'을 잡아 두었다. 예컨대 '2학년인 정모의 이번 학기 수학 목표는 구구단을 외고 세 자릿수 셈을 익히는 것이며, 국어 목표는 글을 읽고 주제를 파악하는 것이구나' 하는 식이다. 그리고 정모가 해낼 수 있도록 도와주어야 할 것은 무엇인지, 혼자 할 수 있는 것은 무엇인지 판단했다. 마찬가지로 '6학년 경모는 이번 학기에 한 페이지 가량의 글을 쓸 수 있게 가르치면 되겠다'라고 판단해서 필요하다면 학원에 보내고, 일기를 좀 더 길게 쓰도록 했다.

즉 아이에게 "100점 받아라", "1등 해라"라고 일방적으로 요구하기 전에 엄마가 먼저 아이의 수준에 맞추어서 도와줄 방법을 찾는 것이다. 그러기 위해서는 아이가 학교에서 무엇을 배우는지 알아야 하는데 그것은 아이들 교과서에 모두 담겨 있다.

사실 초등학교 5~6학년 교과서는 꽤 양이 많아, 모든 것을 아이 혼자서 잘 해내기가 쉽지 않다는 게 내 판단이다. 아이에게 무엇이 중요하고 무엇이 덜 중요한지 우선순위를 엄마가 정해 줄 필요가 있다. 그래야 아이들이 갑자기 많아진 공부로 인한 스트레스를 받지 않고, 꼭 배워야 할 것과 알아 두면 좋은 것을 구분해서 익힐 수 있다.

우리 아이들 모두 영재 교육을 받을 필요도 없고, 엄마들 모두 쇼의 엄마처럼 할 필요도 없다. 다만 학기 전 아이의 교과서를 한 번씩 숙독해서 아이가 학교에서 무엇을 배우는지 파악해 두면 아이들의 공부를 도와 줄 실질적인 방법을 찾는 것이 한결 수월해진다.

17. 영어는 조기 교육보다 동기 부여가 더 효과적이다

"정모야, 카림이네 놀러 가자."

"우아 신난다. 얼른 가요."

그 집 부모와 개인적으로 잘 아는 사이라 가끔 아이들을 데리고 그 집에 놀러 가곤 했다. 바쁘다 보니 시간을 내는 것이 쉽지 않았지만 그래도 없는 시간을 쪼개 그 집에 가는 이유는 아이들을 위해서였다. 아이들에게 영어 공부를 하고 싶은 동기를 심어 주기 위해서 말이다.

영어 공부에 대한 동기는 웬만해서는 생기지 않는다. 나도 잠깐이지만 정모를 영어 유치원에 보내 보고 학습지도 시켜 보았다. 하지만 영어가 많이 들리는 환경을 만들어 주고 문장을 읽고 외우게 해도 영어가 썩 늘지 않았다. 다른 과목은 공부하면 그만큼의 효과를 거두는데, 영어는 아무리 노력해도 잘 못하니까 금방 포기하거나 따분해했다.

그런데 카림이네 집에 놀러 갔다 오면 아이들이 한동안 영어에 대해 크게 관심을 보였다. 일단 그 아이와 의사소통을 하기 위해서는 자기도 영어를 해야 하니 몇 마디라도 하려고 애를 썼다. 또 같은 또래인 아이의 영어 발음이 학교 선생님보다 낫다면서 감탄하기도 했다. 그리고 집에 오면 구석에 처박아 둔 영어 비디오를 꺼내서 보기도 하고 "'놀리지 마'는 어떻게 말하면 되지?" 하고 필요한 표현을 혼자 찾아보기도 한다. 그러면서 "엄마는 어떻게 영어를 잘해요?"라고 묻는다. 그럼 "영어를 잘하고 싶으면 우선 두려워하면 안 돼. 실패해도 괜찮아. 일단 뜻만 통하면 된단다. 그리고 엄마도 많이 노력했단다" 하고 말해 주었다.

언젠가 국내에서 대학을 졸업하자마자 하버드 케네디스쿨에 입학한 이원익 군의 책《비상》을 보았다. 이원익 군은 영어 연수 한번 다녀오지 않았는데도 토익 만점을 받을 정도로 뛰어난 영어 실력이 있어 그 어려운 학교에 입학할 수 있었다. 어떻게 그것이 가능했을까? 알고 보니 그는 영어를 필요에 의해 배운 케이스였다. 그는 어려서부터 항공기를 무척 좋아했는데, 항공기 관련 용어가 모두 영어였고, 용어를 스스로 하나하나 찾아 가면서 영어에 눈을 뜬 것이었다. 그러다 보니 영어를 잘하게 되었고, 잘하니까 영어를 좋아하게 되었고, 그래서 영어 공부를 시키지 않아도 즐겨 했던 것이다.

누군가는 21세기에 성공을 원하는 사람이라면 대화뿐만 아니라 사고마저도 영어로 해야 한다고 말했다. 그만큼 영어의 중요성을 역설한 말일 것이다. 그래서 어려서부터 영어를 배워 두는 것이 좋지만 영어는 그 특성상 혼자 배우고 익혀야 하는 학문이 아니라 실생활에서 쓰면서 자연스럽게 몸에 배어야 하는 과목이다. 그래서 나는 학습지를 시키고, 학원에 보내는 것보다 차라리 영어 캠프가 더 낫다고 본다. 영어를 하고 싶은 동기는 책상 위에서가 아니라 영어가 쓰이는 현장에서 생겨나기 때문이다.

18. 수학은 비슷한 문제를 모아 쉬운 것부터 풀게 하라

수학은 다른 과목과 다르게 앞에서 배운 것을 확실히 이해하지 못하면 다음 것을 배우기가 참 어려운 과목이다. 물론 수학 안에서도 숫자를 다루는 단원과 도형의 원리를 다루는 단원은 그 논리가 조금 달라서 구구단을 몰라도 도형의 원리를 알 수는 있다. 하지만 곱셈과 나눗셈을 모르고서는 분수의 원리를 이해하기 어렵고, 삼각형의 특징을 모르면 사각형, 오각형의 특징을 알기가 쉽지 않다.

그래서 수학을 잘 못하는 아이들에게는 쉬운 문제부터 하나씩 계단을 밟아 올라가게 하는 것이 중요하다. 그래야 수학이라는 지식의 덩어리를 체계적으로 머릿속에 담을 수 있다.

경모는 주로 아빠에게 수학을 배웠는데, 아이 아빠는 수학을 가르치기 전에 먼저 잘된 문제집을 몇 권 샀다. 수학 문제집은 보통 개념 이해를 돕는 사고력 중심의 것과 다양한 문제를 제공해 주는 것으로 나뉜다. 서점에 가서 아이와 함께 두 종류의 문제집을 적절하게 섞어 산 다음 단원별로 다 잘라 놓는다. 그리고 비슷한 것을 묻는 문제들끼리 묶는데, 이때 개념을 파악하는 문제를 제일 처음에 놓고 그다음에는 쉬운 문제부터 어려운 문제까지 난이도별로 정리를 한다. 경모에게 그 순서대로 풀게 하기 위해서다.

처음에는 개념 파악 문제를 제시해서 공식을 외우게 한다. 그런 다음 쉬운 문제부터 어려운 문제까지 다양한 유형의 문제를 풀게 해 개념에 대해서 확실히 이해할 수 있게 한다. 여기서 중요한 것은 한 단원의 문제를 다 풀 때까지 진도를 나가지 않는다는 것이다. 즉 한 문제를 다양한 방법으로 풀 수 있는 것이 수학적 분석력을 키우는 데 제일 중요하다는 이야기다.

엄마가 귀찮고 힘들 수도 있지만 이 방법은 딱 한 번만 해 보면 확실히 효과를 볼 수 있다. 특히 여자 아이들이 갖고 있는 수학에 대한 막연한 두려움을 해소하기에는 이만한 것이 없다.

19. 수학, 문제를 읽는 원리를 가르쳐라

수학 공부를 본격적으로 시작한 아이들은 쉬운 문제부터 공략해서 점점 어려운 문제를 풀면 어느 정도 자신감을 가질 수 있다. 그런데 그렇게 점점 올라가다가 한계에 부딪히는 지점이 있다. 바로 문제가 길어질 때다.

요즘 수학 문제는 국어 문제라고 해도 손색이 없을 만큼 길고 복잡하다. 우리가 어렸을 때 흔히 응용 문제라고 해서 싫어했던 문제들이 고학년으로 올라가면 아주 많아진다. 그래서 문제 읽기를 싫어하면 아무리 그동안 수학의 기초를 잘 다져 왔다 하더라도 문제를 못 푸는 일이 생긴다.

경모 역시 처음에는 문제가 길면 아예 읽어 보려고도 하지 않았다. 한 번에 잘 읽히지도 않을 뿐더러 읽으면서 문제를 분석하고 생각해야 하는 것이 너무 어려웠던 것이다. 처음에는 시간이 지나면 좋아지겠거니 생각했는데 워낙 '좋고 싫음'이 분명한 아이라 그 시간이 생각보다 길어졌다. 그래서 아빠의 '특훈'이 시작되었다.

수학은 개념을 적용하는 학문이다. 기본적으로 개념을 알고 그것이 문제에서 어떻게 풀리는지를 알면 거의 해결되게 되어 있다. 그래서 경모에게 먼저 공식을 가르쳤다. 그다음에 남편은 경모에게 대여섯 줄이나 되는 문제를 읽게 한 다음 흰 종이를 갖다 놓고 차례대로 다음의 것들을 쓰게 했다.

"첫째, 문제가 무엇을 묻고 있는가? 둘째, 문제에서 제시한 조건은 무엇인가? 셋째, 어떤 공식을 대응해야 하는가? 넷째, 조건과 공식을 붙여라!"

처음에 이런 식으로 공부를 시키자 경모는 거의 비명을 지르는 수준이었다. 대여섯 줄 되는 문제를 그냥 읽는 것도 어려운데 위의 네 가지에 맞춰 읽어야 하니 쉬울 리 있겠는가.

그렇지만 남편은 경모에게 계속해서 모든 문제를 위의 방법으로 풀게 했다. 며칠 동안은 몸을 배배 꼬면서 거부하던 경모가 남편의 특훈을 받은 지 한 달쯤 지나자 수학 문제를 읽는 틀을 익히기 시작했다.

그러던 어느 날 내가 경모의 수학 공부를 봐주는데, 세상에 경모가 그 긴 문제를 나름대로 단순화해서 풀고 있는 것이 아닌가. "엄마, 이건 조건 밑에 조건이 있는 문제예요", "이 문제는 좀 많이 꼬여 있네요" 하면서 오히려 날 가르칠 정도였다.

수학 문제를 읽어 내는 능력은 문제를 읽는 요령에 그치는 것이 아니다. 남편이 경모에게 가르친 것은 문제 읽어 내기를 통해 수학이라는 학문의 원리를 깨닫게 하는 것이었다. 그리고 이제 그 원리를 깨달아 가는 아이에게 수학 문제는 더 이상 어렵고 무서운 것이 아니었다.

20. 논술은 '나는 괜찮은 사람'이라는 자신감이 있어야 잘한다

논술을 잘하기 위해서는 아주 중요한 인성 발달의 전제가 있다. 바로 '나는 꽤 괜찮은 사람이다'라고 생각하는 자신감을 가지는 일이다.

논술이란 누군가의 생각을 읽고 그것에 대해 조목조목 따져 비판하는 작업이다. 그런데 자신의 생각에 대해 자신감이 없어 보라. 어떻게 남의 생각을 비판할 수 있겠는가. 그처럼 자신감이 없는 아이들은 왜 내 생각이 다른 사람의 생각과 다른지를 따지기 전에 자기 생각을 감추기에 급급하다. 자신감이 없기 때문에 비판받을까 봐 두려워하는 것이다.

그런데 저학년들은 보통 논술을 잘 못한다. 왜냐하면 저학년 때는 자기와 다른 생각을 가진 이들을 보면 "너는 나랑 생각이 다르구나"라고 말하는 데서 그친다.

그렇지만 고학년이 되면 "내가 이러이러하니까 너보다 낫지"를 따지기 시작한다. 그러면서 자신의 생각과 욕구가 존경받을 가치가 있다고 생각하게 된다. 그래서 고학년 때 논술 잘하는 아이들을 가만히 보면 '나는 꽤 괜찮은 사람이다'라는 생각을 마음속 깊이 하고 있다.

경모가 6학년이 되면서부터 학교 차원에서 말 안 듣는 아이들에게 엉덩이를 때리곤 하는 일이 생겼다. 규율이 엄한 중학교 환경에 미리 적응하라는 교육적인 배려로, 학기 초에 미리 학부모에게 양해를 구한 일이었다.

한번은 경모가 학교에서 돌아오더니 "엄마, 우리가 노예예요? 말로 하면 되지, 왜 엉덩이를 때려요? 아무리 선생님이라도 그렇지" 하면서 씩씩거렸다.

선생님께 미리 전해 들은 이야기도 있던 터라 선뜻 아이 주장에 동조하지 않고 "그럴 만하니까 그러셨겠지"라며 적당히 얼버무리고 넘어갔다.

그런데 그날 저녁 마침 한 신문에 체벌에 대한 기사가 실렸다. 체벌이 아이 교육에 결코 효과적이지 않으며 교사의 체벌권을 인정하는 나라는 우리나라뿐이라는 내용이었다. 경모는 그 기사를 뚫어져라 읽더니 가위로 오려서는 내일 학교에 가서 스피치 시간에 발표할 거라며 회심의 미소를 지었다. 다음날 아이가 뿌듯한 얼굴로 돌아와서 "엄마, 선생님도 내 생각이 맞대"라고 자랑스러워한 것은 물론이다.

경모가 그처럼 당당하게 자신의 주장을 펼칠 수 있었던 것은, 마음속에 '나는 괜찮은 사람이다'라는 생각이 확고히 자리 잡고 있었기 때문이다. 안 그랬으면 감히 선생님 앞에서 그런 주장을 펼칠 수 있었겠는가!

  그러므로 아이가 논술을 잘 못한다면 한번 주의 깊게 살펴보라. 혹시 아이가 '나는 괜찮은 사람이다'라는 자신감이 없는 것은 아닌지 말이다.

입시 제도가 바뀔 때마다 그것을 좇아가기도 힘들지만, 학교와 교사에 대한 투자가 지극히 낮은 상태에서 아이들에게 온전한 교육을 시킨다는 게 불가능하다고 말하지만, 생각을 바꿔 보자. 솔직히 우리의 삶은 1퍼센트만 개선하고 변화시켜 나가도 커다란 성과를 이룰 수 있는 게 많다.

PART 4

1퍼센트 생각을 바꾸면 아이의 인생이 바뀐다

학교를 상대로 '모난 돌'이 되어라

학교를 믿지 않는다, 학교 보내기가 두렵다, 학교는 바뀌어야만 한다…….

너무 많이 듣고, 너무 많이 이야기해서 이젠 말하는 것만으로도 지치는 이야기, 그중 하나가 바로 학교 교육에 대한 비판이 아닐까 싶다. 나는 요즘 그런 이야기들을 들을 때마다 가슴이 덜컥 내려앉는다. 그 말들이 '더 이상 희망은 없다. 그래서 나는 기대하지 않는다'라는 포기 선언처럼 들리기 때문이다. 무엇을 해 보았다고 벌써 포기란 말인가? 아니, 많은 노력을 했더라도 그렇다. 적어도 부모라면 소중한 아이를 위해서 '포기'란 말을 해서는 안 된다고 생각한다.

만약 내가 학교에 찾아가지 않았다면

경모가 3학년 때였다. 어느 날 집에 갔더니 경모의 목 주변이 이상했다. 누군가 목을 조른 듯한 흔적이 있었다.

"경모야, 무슨 일이니?"

소스라치게 놀랐지만 애써 진정하고 경모에게 어찌 된 일이냐고 물었다.

경모는 생각만 해도 끔찍하다는 듯 고개를 저으면서 6학년 형한테 목을 졸리고 돈을 빼앗겼다고 이야기했다. 더 기가 막힌 것은 이번이 벌써 두 번째이고 자기뿐만 아니라 다른 아이들도 그 형한테 한두 번씩 모두 당했다는 것이다.

그날 밤 나는 거의 뜬눈으로 밤을 지새우고 다음날 경모의 담임 선생님을 찾아갔다. 그랬더니 문제 학생의 담임 선생님한테 그 사실을 알려서 주의를 주겠다고 했다. 나는 그렇게 끝낼 문제가 아니라고 역설하며 교장 선생님을 만나야겠다고 했다.

그 과정에서 내가 답답하게 느낀 것은 문제가 커질까 봐 전전긍긍하는 선생님의 태도였다. 아니, 어떻게 많은 아이들이 똑같이 그처럼 심한 폭력을 당했는데 주의를 주겠다는 무성의한 대답을 할 수 있단 말인가.

나는 경모만의 문제가 아니니 학교 차원에서 어떤 대책이 있어야 한다고 주장했다. 내가 계속해서 물러날 태세를 보이지 않자 잠시 후 교장 선생님과 면담할 수 있었다.

외국에서는 그런 일이 발생하면 학교 차원에서 문제 학생의 부모를 부른다. 소환에 응하지 않으면 학교와 연결된 학생 보호 에이전시에서 다시 그 부모를 불러 면담을 하고, 만약에 안 나타나면 친권을 박탈해 버린다. 학교에서 물의를 빚을 정도로 아이에게 문제가 있는데 그것을 방치하는 것은 부모의 의무를 다하지 않음을 뜻하기 때문이다. 그러니 아이를 기를 자격이 없다고 생각해서 친권을 박탈하는 것이다.

나는 그런 외국 사례를 들면서 학교 차원에서 부모 면담이 필요하다고 주장했다. 그 사실을 전혀 알지 못했던 교장 선생님은 난감한 표정을 짓더니 나중에는 고개를 끄덕이면서 후속 조치를 취하겠다고 약속했다.

그렇게 해서 안 사실인데 그 문제 학생은 여러 정서적 장애가 있었음에도 부모가 거의 방치하고 있는 상황이었다. 결국 그 부모는 나타나지 않았다. 하지만 그 뒤로 학교 차원에서 그 사건에 대한 공감대가 이루어진 것만은 분명한 듯했다.

만약 내가 그때 학교를 찾아가 선생님을 만나지 않았다면 쉬쉬하면서 사건을 그냥 넘겨 버렸을 것이다. 그러면 그 문제 학생은 계속해서 똑같이 목을 조르면서까지 다른 아이들을 위협해 돈을 뜯어냈을 것이고, 경모 같은 아이들은 그 아이 때문에 학교 가기가 불안해졌을 것이다.

한 사람의 꿈은 꿈이지만, 만인의 꿈은 현실이 된다

옛 속담에 '모난 돌이 정 맞는다'라는 말이 있다. 그런데 나는 그 말만큼 싫은 게 없다. 지극히 정당한 피드백을 하는 것조차 모난 돌 취급을 하기 때문이다.

외국에서는 어느 조직이든 모난 돌을 채용하지 평범한 조약돌을 뽑지 않는다. 모난 돌이야말로 열정적으로 변화를 추구하고, 변화를 즐기고, 변화를 이끌어 가기 때문이다. 주위에서는 경모가 겪은 사건 때문에 학교를 방문했던 나를 참 대단하다고 말하면서도 그렇게까지 할 필요가 있었느냐, 괜히 튀어 보았자 좋을 게 없다는 식으로 바라보았다.

하지만 나는 우리 아이들이 속한 학교를 조금씩이라도 변화시킬 수 있는 사람이 바로 부모라고 생각하기에 전혀 후회가 없다. 그렇게 노력하면 내 아이가, 내 아이의 손자가 조금은 나은 환경에서 학교를 다닐 수 있는데 뭐가 두렵겠는가.

나는 부모들이 학교를 상대로 할 수 있는 것이 많다고 생각한다. 물론 그때 경모네 학교에서 그런 정도의 후속 조치를 약속 받을 수 있던 데에는 내가 소아정신과 의사라는 사실이 영향을 주었을 것이다. 하지만 '변화'라는 말은 당신 같은 사람이나 할 수 있는 것이 아니겠냐고 성급히 결론짓지는 말았으면 좋겠다.

징기즈칸은 한 사람의 꿈은 꿈이지만 만인의 꿈은 현실이 된다고 했다. 한 사람만 꿈을 꾸면 꿈으로 끝나 버릴지 모르지만, 수많은 사람이 같은 꿈을 꾸면 그것은 곧 현실이 되고 무엇이든 바꿀 수 있다.

10년 전만 해도 대학을 평가하고 대학 교수를 평가하는 건 꿈도 꿀 수 없는 일이었다. 그렇지만 지금은 대학들이 그것을 당연히 해야 하는 것으로 받아들이고, 심지어 학생 유치 경쟁까지 벌인다. 입시 제도가 바뀔 때마다 그것을 좇아가기도 힘들지만, 학교와 교사에 대한 투자가 지극히 낮은 상태에서 아이들에게 온전한 교육을 시킨다는 게 불가능하다고 말하지만, 생각을 바꿔 보자. 솔직히 우리의 삶은 1퍼센트만 개선하고 변화시켜 나가도 커다란 성과를 이룰 수 있는 것이 많다.

아이한테 교사가 중요하다고 생각하는가? 그렇다면 우선 교사가 아이들의 능력 개발 교육에 전적으로 매달릴 수 있도록 교사의 잡무를 줄여 주어야 한다. 아이들을 정말 성심성의껏 잘 가르치는 교사에겐 인센티브를 주는 방식도 고려해 봐야 한다.

물론 하루아침에 교사의 처우를 개선하는 일은 힘들지 모른다. 그렇지만 지금이라도 쓸데없는 잡무를 줄이는 방안은 고려해 볼 수 있다. 무슨 대회, 무슨 대회 하면서 1년 내내 줄줄이 있는 학교 행사만 해도 그렇다. 그것을 반으로만 줄여도 교사들이 숨을 돌릴 수 있다. 그 외에도 찾아보면 잡무를 덜 수 있는 방안은 여러 가지가 있을 것이다.

그렇게 한다고 뭐가 바뀌겠느냐고? 이제는 더 이상 그런 말을 하면서 에너지를 낭비하지 말고 1퍼센트라도 바꿀 수 있도록 행동으로 옮겨 보자. 한 번에 하나씩 고쳐 나가도 그것이 쌓이면 커다란 변화가 된다.

부모들끼리 합심하여 학부모 모임 같은 것을 만들어서 적극적으로 학교에 건의를 하고, 건의한 사안들 중 채택된 것은 있는지, 잘 시행되고 있는지 계속 관심을 기울이는 것도 좋은 방법이다. 만약 그처럼 고정적으로 의견을 개진할 수 있는 모임이 있었다면 경모가 그런 일을 겪지 않았을지도 모른다.

학교에 참여하는 것은 부모의 의무다

더 이상 어떻게 해야 할지 몰라 혼란스러워하다가 결국 교사에게 촌지를 전해 주는 것으로 끝나는 부모가 되지 말자. 학교에 참여하는 것은 부모의 의무다. 그러니 모난 돌이 되기를 주저하지 마라!

제인 구달이 말했다.

"모든 인간, 모든 독특한 존재는 진전을 이루어 나가는 데 어떤 역할을 하고 있는 것이 분명하다. 매일 매초 이 지구상에는 마음과 마음 – 선생님과 학생, 부모와 자식, 지도자와 시민, 작가 또는 배우와 일반 시민 – 이 만나서 변화를 이루어 내고 있다. 그렇다. 우리 모두는 변화의 씨앗을 가지고 있는 것이다."

선생님과의 관계는 엄마 하기 나름이다

솔직히 고백하면 교육 문제는 아이를 낳기 전까지만 해도 전혀 내 관심사가 아니었다. 내가 학창 시절 겪은 학교와 선생님, 그리고 입시와 각종 시험이 자연스럽게 나로 하여금 교육 문제에 대해 냉소적인 방관자로 만들었던 것이다.

그러나 아이를 낳고 키우다 보니 교육에 관한 모든 문제가 내 일처럼 여겨져 사람들을 만나도 그런 이야기를 먼저 나누게 된다. 예전에 귀순한 북한 여류 소설가 한 분을 만났을 때도 그랬다.

한국 교육에 대해 어떻게 생각하느냐고 물어보았더니 대뜸 "너무 실망했다"라고 했다. 뜻밖이었다. 그래도 설마 북한보다야 낫지 않을까 싶었기 때문이다. 그래서 그 까닭을 물었더니 알맹이는 없이 포장만 요란하다고 했다. 학원이나 여타 교육 프로그램을 보면 모두 좋다고 선전을 요란하게 하는데, 막상 가 보면 광고와 다르다는 것이다. 그럼 북한에서 알맹이는 뭐냐고 물었더니 다음과 같이 말한다.

"선생님들이 훌륭하시죠."

북한에서는 선생님의 권위가 아직까지도 대단한데 그만큼 선생님들이 늘 열심히 노력한단다. 남한처럼 교육자가 나서서 자기네 교육이 훌륭하다고 포장하지 않으며, 차라리 그 시간에 아이들 붙잡고 공부 한 자 더 시키니까 당연히 선생님들의 질이 우수하지 않겠냐는 것이었다.

말문이 막혔다. 갑자기 우리나라 선생님들 눈에 아이들은 어떻게 비치고 있을까 하는 의문이 들었다. 공부를 가르치는 것 외에도 처리해야 할 잡무가 수없이 쌓여 있는, 그리고 이름을 기억하기엔 너무 많은 아이들. 내 아이의 이름 혹은 얼굴을 알고나 있는 것일까?

앞에서도 얘기한 바 있지만 지금의 학교 체제로는 학생 개개인의 잠재되어 있는 능력을 최대한 이끌어 줄 수 있는 교육이 불가능하다. 그래서 부모가 선생님 대신 내 아이의 숨어 있는 능력을 보고 이끌어 줄 수 있어야 한다. 선생님의 몫까지 떠안아야 하는 현실이 답답하긴 하지만 사랑하는 아이를 위해 최선을 다해야 하지 않겠는가!

그러기 위해서는 먼저 부모들이 선생님에게 자신이 관찰한 아이의 장단점에 대해 이야기함으로써 정보를 주는 것이 필요하다. 그리고 선생님이 내 아이에 대해 어떤 평가를 내리고 있는지 그대로 들을 필요가 있다.

물론 부모와 선생님의 관계는 말처럼 결코 쉽지 않다. 선생님이 개똥이의 엄마인 나를 만나 줄까, 만나면 도대체 무슨 얘기를 해야 하나, 혹시 촌지를 바라지 않을까, 내가 가서 청소라도 해야 하나 등등의 생각이 먼저 드는 게 현실이니까. 그래서 선생님과의 만남 자체가 불편하고 껄끄러울 수 있다. 게다가 선생님이 내 아이에 대해 내리는 평가가 부정적이라면 더욱 움츠러들 수밖에 없다.

하지만 남한테 내 아이가 욕을 먹지 않기를 바라는 건 엄마의 강박증일 뿐이다. 처음부터 완벽한 아이가 어디 있겠는가. 그러므로 선생님이 아이의 잘못된 점을 지적하면 나를 욕하는 것이라고 생각하고 펄펄 뛰면서 자존심을 내세울 필요가 없다. 아이가 부족하다고 하면 "그럼 제가 어떻게 하면 되겠습니까?"라고 말하면서 도움을 구하라. 어디까지나 선생님과의 만남의 목표는 내 아이가 상처를 덜 받고 제대로 교육 받을 수 있게끔 하는 것임을 잊어서는 안 된다. 그래서 선생님을 대할 때는 사람 아래 사람 없고 사람 위에 사람 없다는 수평적 사고방식으로 조언을 듣고 내 아이의 문제를 같이 풀어 가려는 마음가짐이 반드시 필요하다. 좀 더 효과적으로 일을 풀어 가려면 다음과 같은 자세로 접근해 보라.

첫째, 선생님이 지적하는 부분이 내가 익히 알고 있던 바라면 선생님은 그것을 어떻게 달리 해석하는지 들어야 한다. 그리고 그 문제에 있어서는 선생님의 말이 옳을 확률이 높다.

둘째, 내가 옳을 수도 있다. 그럼 선생님을 설득해야 한다. 선생님이 내 아이의 특성을 잘 이해하지 못할 수도 있기 때문이다.

셋째, 만약 위의 둘째 사항을 하지 못하겠거든 객관적인 평가 자료를 내밀라. 아이를 데리고 소아정신과를 찾아가 평가를 받게 하고 그 증거를 가지고 가는 것도 하나의 방법이다. 그것으로 선생님을 설득하고, 그 선생님으로부터 내 아이가 덜 상처받게 하라.

경모는 불안을 자주 느끼는 편이라 다른 사람과 생각이 부딪히면 일단 피해 버린다. 자기의 생각을 관철하기 위해서 다른 사람의 의견을 회피해 버리는 것이다. 그래서일까. 거꾸로 경모가 다른 사람에게 자신을 잘 보이고 싶을 때는 아주 엉뚱한 방법들을 쓴다.

이를테면 개그맨 흉내를 낸다거나, 관심이 있는 사람의 별명을 만드는 등의 네거티브 어텐션(Negative Attention, 상반되고 엉뚱한 방법으로 관심을 끌려고 함)을 끌어내면서 말이다. 때로는 그런 경모의 행동이 갑작스럽고 난데없어서 사람들을 당혹하게 만들기도 한다. 학교라고 예외일 순 없다. 경모가 엉뚱한 소리를 해서 반 아이들과 선생님을 기가 막히게 한 적도 몇 번 있었던 모양이다.

그런데 선생님은 그것이 네거티브 어텐션인 줄 모르고 버릇이 없고 무례하다고만 여겼다. 그러니 무조건 야단을 칠 수밖에……. 하지만 그렇게 야단을 치면 오히려 경모 같은 아이들은 그런 성향이 나아지기는커녕 더욱 나쁜 방향으로 가 버리는 수가 있다. 그래서 나는 선생님에게 경모가 혹시 네거티브 어텐션을 보이더라도 야단을 치지 말고 칭찬을 해 주었으면 좋겠다고 말씀 드렸다. 그 후로 경모가 그러면 선생님이 친구들한테 그런단다.

"홍경모 본심이 뭘까요?"

그럼 친구들이 옆에서 "경모가 그렇게 말하지만 이런 말일 거예요" 등등의 이야기를 하고, 경모는 그 이야기를 들으며 멋쩍은 듯 웃는단다. 그렇게 해서 경모에 대한 엉뚱한 오해나 나쁜 편견이 사라졌음은 물론이다.

대한민국 보통 엄마들이여, 선생님을 두려워하지 마라. 그 시작은 어려울 수도 있지만 결국 선생님도 엄마 하기 나름이다. 진정으로 아이를 아낀다면 선생님과 좋은 관계를 유지하기 위해 애써 보라.

사교육을
시키려거든
제대로 시켜라

옛날 중국에 '곽탁타(郭橐駝)'라는 사람이 있었다. '탁타'라는 이름은 원래 이름이 아니라 마을 사람들이 그가 곱사병을 앓아 허리를 굽히고 걸어 다니는 모습이 낙타와 비슷하다 하여 붙여 준 이름이었다. 그가 하는 일은 나무를 심는 것이었다. 그런데 장안의 모든 권력자와 부자들이 앞다투어 그에게 나무를 보살펴 달라고 부탁했다. 왜냐하면 탁타가 심은 나무는 옮겨심기를 해도 죽는 법이 없이 잘 자라났으며, 열매도 일찍 맺을뿐더러 많이 열렸기 때문이다. 사람들은 그의 재주를 신기하게 여겨 그에게 비법을 물어 보았다. 그러자 그는 대답했다.

"저는 나무를 오래 살게 하거나 열매를 많이 열게 할 능력이 없습니다. 다만 저는 나무의 천성을 따라서 그 본성이 잘 발휘되게 할 뿐입니다."

나무는 그 뿌리가 펴지기를 원하며, 평평하게 흙을 북돋워 주기를 원하고, 단단하게 다져 주기를 원한다. 그러니 일단 나무가 원하는 바대로 해 주면서 잘 심고 나면 옮겨심기도 말고 염려하지도 말아야 한다. 그렇게 해야 나무의 천성이 온전하게 보전되어 잘 자란다. 그러므로 곽탁타는 자신이 나무의 성장을 방해하지 않을 뿐이며 감히 나무를 자라게 하거나 무성하게 할 수는 없다고 답했던 것이다.

자식 키우는 것도 마찬가지다. 부모가 해 줄 수 있는 것이라고는 아이의 타고난 재능을 제대로 알고서 그 성장을 방해하지 않는 것 정도다. 아이의 타고난 재능을 부모의 손으로 더 꽃피우게 만들겠다고 마음먹는 순간, 아이는 오히려 시들어 버릴 수 있다.

그런데 요즘 초등학생 부모들이 겪는 가장 큰 딜레마는 아이를 있는 그대로 바라본다는 것이 결코 쉽지 않다는 점이다. 게다가 아이가 아무리 힘들다고 소리쳐도 그 앞에서는 그래도 공부를 해야 한다고 역설할 수밖에 없는 것이 현실이다. 앞서 가는 건 둘째치고 아이 혼자 너무 뒤처지지 않을까 걱정되기 때문이다.

그런데 아이로니컬 하게도 부모들이 그렇게 목숨 거는 공부, 즉 학습이야말로 아이를 객관적으로 보지 않고서는 제대로 시킬 수가 없다. 학습의 가장 큰 특성이 바로 아이가 가진 타고난 능력을 효과적으로 발휘할 수 있도록 개별화 지도가 필요한 것이기 때문이다.

아이마다 맞는 학습법이 따로 있는데 엉뚱한 학습법을 계속 강요한다고 생각해 보라. 역효과가 날 것이 분명하지 않은가.

경모의 강점과 약점을 다 알고 있던 미국 선생님

미국에서 경모가 초등학교를 다닐 때의 일이다. 그때 경모네 반은 25명이었는데 어느 날 담임 선생님이 나를 부르더니 이렇게 말했다. 경모는 영어는 못하는데 수는 빨리 터득한다. 수업 시간에 자주 엉뚱한 짓을 하는데 이런저런 특성 때문인 거 같으니까 이렇게 저렇게 해 보자. 학습 진도를 나가는 것만큼이나 학생 개개인이 잘 따라오는지 항시 체크하고 그 특성에 맞게 다시 진도를 어떻게 나가야 할지 고민하는 것이 미국 교육이었던 것이다. 시험을 볼 때도 마찬가지였다. 경모처럼 1학년의 경우는 담임 선생님 밑에 보조 교사가 있어서 그 교사들이 수업할 때 몇 명씩 불러서 따로 가르치고 시험을 보았다. 그리고 난 뒤에는 나에게 경모가 잘 틀리는 문제와 안 틀리는 문제들을 종합해서 경모의 강점과 약점을 피드백 해 주었다.

그런데 우리나라는 어떤가? 한 선생님이 담당하는 학생이 우선 미국보다 훨씬 많다. 그러니 아이가 시험에서 문제를 틀려도 그것을 분석해 줄 시간이 없다. 학생 개개인에 대한 개별적인 평가를 할 시간이 없는 것이다.

'1 더하기 2는 3이다'라는 것을 배운다고 치자. 그것을 손가락으로 익히는 아이가 있는 반면 암산하는 아이가 있을 수 있다. 그럴 때 학교 선생님이 해 주어야 하는 건 각각의 아이의 특성에 맞게 좀 더 쉽고 빠르게 할 수 있는 방법을 가르쳐 주는 것이다. 그러나 그런 개별화는 지금 우리나라 현실에서는 거의 불가능하다. 선생님은 학습 목표를 제시하는 사람일 뿐 따라가는 건 학생의 몫이다 보니 아이의 특성에 맞는 개별화 교육마저 부모의 몫이 되고 있는 것이다.

내가 사교육을 시키는 이유

개별화 교육은 쉽게 말해 우리 아이가 발달이 더딘 부분이 있으면 그것부터 시켜야 하는구나 생각하는 것이다. 배우는 속도가 느리다든가, 원래 창의적이고 말이 많다든가 등등 아이마다 고유의 특성이 있다. 그 특성이 지금 내 아이가 처한 학습 현실과 맞는가 안 맞는가를 따져 보고 바람직한 방향으로 끌 수 있는 방법이 뭘까를 고민해야 한다. 즉 내 아이가 가진 장단점을 파악해서 그것들을 아이의 환경과 잘 맞추어 나가는 것, 그게 부모가 떠맡아야 할 개별화 교육의 출발점이다.

내가 사교육을 시키는 이유는 바로 그 지점에 있다. 학교에서 개별화 교육이 이루어지지 않는 현실 속에서 내 아이가 학교 교육 프로그램과 뭔가 어긋나는 지점이 있다면 그 원인을 찾아 부족한 부분을 보충하는 것이 내가 생각하는 사교육이다. 물론 부모가 시간이 있으면 아이에게 가르쳐 줄 수도 있다. 그러나 나처럼 일을 하기 때문에 전적으로 아이와 함께할 시간이 모자란다거나, 시간은 있지만 제대로 가르칠 자신이 없을 때 활용할 수 있는 것이 사교육이다. 결국 나는 사교육이라는 남의 힘을 빌려서 내 아이의 특성을 바르게 파악하고, 뒤처지지 않으면서도 타고난 천성을 잘 살펴 나갈 수 있도록 가지치기를 해 주는 것이다.

아이가 정말 공부 잘하기를 바란다면

그러나 요즘 보면 엄마들은 사교육을 학교 교육보다 더 중요하게 생각한다. 학교 교육의 보충점으로서의 사교육이 아니라 그것을 안 하면 마치 큰일이라도 날 것처럼 사교육에 목숨을 거는 것이다.

얼마 전 초등학교 4학년인 아이가 학원 친구들과 자꾸 싸우고 급기야는 "학원에 안 가겠다" 하고 우기는 바람에 상담을 받으러 온 적이 있다. 그 아이는 학원만 해도 세 곳을 다니고, 학원이 끝나면 밤늦도록 또다시 보충 수업을 받고 있었다. 상담 결과 아이의 학습 능력만 평가해 봤을 때는 거의 영재 수준에 가까울 정도로 뛰어났다. 그러나 사회성이 지나치게 떨어져 있고 학습에 대한 과도한 스트레스로 우울증 초기 증상까지 보이고 있었다. 이는 비단 그 아이만의 문제가 아니다. 현재 초등학생들이 받는 스트레스 중 70퍼센트 이상이 과외로 인한 것이라는 통계가 그 사실을 여실히 보여 준다.

사교육을 그렇게까지 시키면 아이가 공부에 대한 흥미를 넘어서서 사람과 세상에 대한 모든 흥미를 잃기 마련이다. 그보다 더 심각한 문제는 아이들을 보내는 학원 대부분이 그렇게 불신하는 학교 교육의 연장선에 있다는 사실이다. 즉 아이들은 자신의 특성에 맞는 학습법을 발견하고 그에 맞게 공부하기 위해서 학원에 다니는 것이 아니라 학원에서조차 또다시 무조건 외우고 보는 획일적인 암기식 교육을 받고 있는 것이다. 물론 학교에서 배울 것을 조금 미리 배운다는 점은 다르지만 말이다.

그러므로 아이가 정말 공부 잘하기를 바란다면 좀 더 효율적으로 사교육을 활용할 필요가 있다. 정말 내 아이에게 맞는 사교육이 무엇인지부터 파악하는 문제가 급선무라는 것이다. 그러기 위해서는 적어도 다음의 두 가지는 지킬 필요가 있다.

1. 숙제를 많이 내는 학원엔 보내지 마라

예전에 정모를 학원에 보냈는데 그 학원에서 꽤 많은 숙제를 내주었다. 그러자 정모는 학원에 가기 싫다고 떼를 썼다. 나는 학원에 전화 걸어서 정모에게는 숙제는 내지 말아 달라고 부탁했다. 내 아이를 보호하는 차원에서 말이다. 나는 경모나 정모나 학교에서 내주는 숙제를 하기만도 벅차다고 생각한다. 그래서 어떤 것은 내가 대신 해 주는 경우도 있었다. 그런데 학원에서 엄청난 양의 숙제를 내고 아이에게 풀어 오라니 이게 웬말인가. 내가 학원에 바란 것은 엄마처럼 옆에 붙어서 아이가 뭘 이해하고 뭘 이해를 못하는지, 즉 어떤 부분이 강하고 어떤 부분이 약한지를 체크해 달라는 것이었다.

그런데 숙제를 많이 내준다는 것은 내 아이의 특성을 파악하는 것이 또다시 부모인 나의 몫으로 남겨지는 것을 뜻한다. 그럴 거면 내가 아이를 굳이 학원에 보낼 이유가 없지 않은가.

2. 피드백이 없는 학원은 당장 그만두게 하라

정모에게 논술을 시키면서 있었던 일이다. 정모는 입으로는 또박또박 자신의 의견을 잘 피력하는 편인데 글로 쓰라고 하면 못 쓴다. 그래서 선생님이 "정모야, 그거 써라" 그러면 "왜요? 나 쓰는 건 너무 싫은데" 하기 일쑤였다. 글을 쓰라고 하면 두어 줄 쓰다가 도망가 버리는 아이, 글쓰기보다 말하는 것을 더 좋아하는 아이, 그런 정모는 맞춤법이 무척 약했다. '그래서인지'라고 써야 할지, '그래서인지'라고 써야 할지를 잘 모르는 식이었다. 문제는 그렇게 헷갈려 하는 것이 너무도 많다는 것이었다.

그러던 어느 날 답답한 마음에 선생님에게 "몇 개월이 됐는데 왜 나아지는 기미가 보이지 않는 걸까요?"라고 물은 적이 있다. 그러자 선생님 말이 정모는 생각하는 것을 더 좋아해서 상대적으로 쓰기를 싫어하는 것 같단다. 그렇지만 사고력이 뛰어나니까 좀 더 지켜보자고 했다. 그러더니 정모에게 글을 쓸 것을 강요하는 대신 오히려 너무 글 쓰는 걸 싫어할 때는 그냥 말로 하게도 두었다. 정모가 스트레스를 받지 않는 것이 최우선이라고 생각한 것이다. 내가 생각지 못했던 방향에서 정모의 특성을 짚어 내고 그 대안까지 일러 주자 나는 모처럼 마음이 놓였다. 바로 이것이 내가 바란 것인데 하면서 말이다.

아마도 다른 학원이었다면 정모로 하여금 말을 하는 대신 어떻게든 글을 쓰게 만드는 데에만 집중했을 것이다. 그것이 목표이기 때문이다. 만약 그랬다면 정모가 지금처럼 글을 논리적으로 풀어낼 수 없었을 것이다. 분명 정모는 학원에 안 간다고 했을 것이고, 보냈다 하더라도 스트레스만 받을 뿐 나아지지는 않았을 테니까 말이다.

이처럼 학원에서는 적어도 아이가 어떤 패턴의 문제에 약한지, 어떤 패턴의 문제에 강한지를 파악해서 약한 부분들에 대한 보완을 어떻게 하면 좋을지, 그냥 기다려야 좋을지, 아니면 다른 방법을 강구해야 할지 그 대안을 내놓을 수 있어야 한다. 그렇게 할 수 없는 학원과 과외 지도는 내 아이에게 쓸모가 없다. 피드백이 없다는 것은 그만큼 내 아이에게 맞는 학습법을 제대로 찾지 못했음을 뜻하고, 그것은 곧 아무리 시키고 보내 봐야 아이가 나아질 확률은 없음을 뜻하기 때문이다.

앞의 두 가지 외에 내가 당부하고 싶은 것이 있다면 어떤 학습을 시키든지 학습에 대한 흥미를 잃지 않도록 하는 것이 아이를 위하는 최선의 길임을 잊지 말아 달라는 것이다. 학습은 배움이고 그것은 잘만 하면 무척이나 즐거운 것이다. 공부라고 책상 앞에 앉아서 하는 공부만 있는 것은 아니다. 세상에는 배울 것들로 넘쳐난다. 삶 자체가 배움이라 해도 과언이 아니다. 그러므로 배움에 대한 흥미를 잃어버리는 것은 곧 아이가 불행해짐을 의미한다.

그래서 학원에 가기 싫다고 하면 안 보내는 것도 한 방법이다. 만약에 그렇게 쉬면서 아이가 다른 아이한테 처지기 싫다고 생각하거나, 아니면 학원 다닐 때 뭔가 재미있는 것이 더 있었다라는 동기를 스스로 가질 수도 있기 때문이다. 동기 부여를 스스로 하는 것보다 더 좋은 학습법은 없다.

그럼에도 어느 정도 사교육을 시켜야 할지, 어떤 사교육이 좋을지 모르겠다면 지금 당장 아이가 웃고 있는지, 행복해하고 있는지를 살펴보라. 그러면 당신이 찾고 있는 정답을 찾을 수 있을 것이다.

아이의
친구에 대해서 부모가
버려야 할 편견

로빈 S. 샤르마의 《나를 찾아가는 여행》에서 내가 참 좋아하는 구절이 하나 있다.

'친구는 우리의 인생에 유머와 매력, 그리고 아름다움을 주지. 친구와 함께 배꼽을 잡고 웃는 웃음만큼 젊음을 되찾게 해 주는 것도 별로 없네. 친구는 자네가 독선에 빠져 있을 때 겸손하게 만들어 주며, 지나치게 심각한 생각에 빠져 있을 때는 미소를 짓게 만들지. 삶이 자네를 속이고 상황이 악화될 때 좋은 친구는 자네를 도와주는 존재라네.'

샤르마의 말처럼 친구가 인생에서 얼마나 중요한 존재인가! 친구는 나의 허물을 덮어 주고 나의 재능과 장점을 찾아내 그 가치를 높여 준다. 그래서 진정한 친구 하나만 있어도 세상 살 맛이 난다. 하지만 우리는 알고 있다. 그처럼 나와 함께 길을 가는 동반자가 되어 줄 좋은 친구를 얻는다는 것이 얼마나 힘든지 말이다.

"쟤랑 놀지 마라"라는 말을 함부로 하면 안 되는 이유

좋은 친구를 만드는 작업을 시작하는 시기가 초등학교 때다. 물론 초등학교 1~2학년 때까지는 '친구'라기보다는 '동무'를 사귄다고 해야 맞다. 흥미가 같으면 만나기 때문이다. 즉 같이 축구를 좋아하고, 똑같은 연예인을 좋아하고, 단지 과자를 같이 먹기 때문에도 아이들은 친해질 수 있다.

하지만 3학년이 되면서부터는 진정한 의미의 친구를 만들면서 서로 간에 정신적 친밀감 등을 주고받기 시작한다. 그러면서 친구에게서 받는 영향이 점점 커지기 시작한다. 따라서 초등학교 시절 아이가 친구를 사귀는 법을 제대로 배우는 것은 공부만큼이나 중요하다.

그런데 부모들은 종종 아이가 친구를 선택하고 관계를 맺어 갈 기회마저 빼앗아 버리는 경우가 있다. "쟤랑 놀지 마라"라면서 말이다. 안 그래도 요즘 아이들은 자신과 의견이 다르거나 마음에 안 드는 친구를 나쁘다면서 아주 쉽게 배척해 버린다. 소위 '왕따'를 시켜 버리는 것이다. '쟤는 그런가 보다' 하고 지켜보는 법이 없다. 무언가 조금만 실수해도 바로 구박을 한다.

정모가 처음에 전학을 갔을 때의 일이다. 그 학교는 1학년 때부터 컴퓨터 수업을 했는데 정모는 배운 적이 없어서 잘 따라가지를 못했다. 그런데 친구들이 정모 때문에 자기네 조가 늦게 끝났다고 투덜댔다. 참다못한 정모는 대성통곡을 하기에 이르렀다. 담임 선생님이 그 사실을 알고, 투덜대고 짜증을 낸 아이들 보고 정모에게 사과를 하고 편지도 쓰라고 했다. 그렇게 해서 그 일은 일단락되었지만 한동안 정모는 학교에 안 가겠다고, 다시 옛날 학교로 옮겨 달라고 징징거려 진땀을 빼야 했다.

둘이 처음 만났는데 "뭐야? 쟤는 왜 저래?" 하면서 무시해 버리는 태도가 얼마나 나쁜 일인가. 그럴 때는 네가 옳으니 내가 옳으니 싸우는 것이 차라리 낫다. 또 약점이 보이면 그것을 빌미삼아 공격하는 것은 또 얼마나 나쁜가. 상대방이 약점을 가지고 있으면 그것을 보완할 수 있도록 도와주는 것이 인지상정 아닌가.

그런데 요즘 부모들은 아이들의 그러한 경향을 더욱 부추긴다. "어유, 쟤는 왜 저러냐? 쟤네 부모는 교육을 어떻게 시키는 거야? 다음부터는 쟤랑 놀지 마라"라는 말을 툭하면 내뱉는다. "쟤랑 놀지 마라"라는 말을 함부로 해서는 안 된다. 왜냐하면 그 말은 아이로 하여금 자기랑 다른 사람을 만나면 우선적으로 배제하면 되겠구나 하는 생각을 하게 만들기 때문이다.

사회성의 기본은 남을 배제하지 않는 것이다. 그러므로 나와 다르다고 배제하는 것이 아니라 다른 가치를 있는 그대로 받아들이는 법도 배워야 한다. 그러니 "쟤랑 놀지 마라"라는 말 대신 오히려 "쟤도 나름대로 어떤 이유가 있어서 저럴지 모른다"라고 말해 주는 것이 필요하다. 부모 먼저 다른 아이들을 배려하는 마음을 보여야 아이도 본을 받아 그렇게 하기 때문이다.

큰아이가 컴퓨터 게임에 빠진 적이 있다. 친구를 한 명 사귀게 되었는데 그 친구가 컴퓨터 게임을 너무 좋아해서 같이 빠지게 된 모양이었다. 가만히 지켜보는데 날이 갈수록 강도가 더 심해졌다. 보다 못해 컴퓨터를 빌려 와 두 대를 놓고서 친구를 집으로 오게 했다. 알고 보니 게임에 지나치게 몰두하는 것을 빼놓고는 그 친구는 참 착하고 유순한 아이였다. 그래서 다 좋은데 컴퓨터를 너무 많이 하는 건 좋지 않다고 조심스레 달래기 시작했다. 시간은 오래 걸렸지만 큰아이도 그 친구도 예전만큼 게임에 몰두해 다른 것을 내팽개치진 않는다.

만약 내가 큰아이에게 그 친구랑 더 이상 놀지 말라고 처음부터 잘라 말했다면 어떻게 되었을까? 아마 큰아이는 오히려 더 반항적인 마음으로 그 친구와 게임에 빠져 지냈거나 괜찮은 친구 한 명을 나 때문에 잃어버렸을 것이다.

친구 숫자에 연연해하지 마라

다른 아이들을 배려하는 마음을 가져 달라는 것과 함께 또 한 가지 당부하고 싶은 것이 있다. 초등학교에서 일어나는 왕따 문제가 워낙 심각하다 보니 아이의 친구 관리(?)조차 부모의 몫이 되고 말았다. 하지만 아이에게 친구가 몇 명 있는지, 숫자에만 연연해하지는 않았으면 좋겠다. 생일도 아닌데 이벤트를 억지로 만들어 아이 친구들을 불러서 뭔가를 사 주어야 하는 부모의 심정을 모르는 바 아니다. 나 역시 정모가 느닷없이 컴퓨터를 못한다는 이유로 아이들에게 왕따를 당하자 하늘이 내려앉는 줄 알았다. 그래서 그다음부터 정모가 친구를 잘 사귀고 있는지에 대해 더 곤두서게 된 것이 사실이니까.

하지만 아이의 친구 숫자에만 연연해하다 보면 정작 아이에게 필요한 것이 무엇인가를 제대로 보지 못할 수가 있다. 3학년 때부터는 친구를 깊이 사귈 수 있는 능력이 필요하다. 친구의 가치를 비판하면서도 인정할 줄 알고 도울 것이 있으면 도울 줄 알아야 하는 것이다. 단순히 '아이에게 친구가 많으면 사회성이 좋은 것이므로 문제될 것이 없다. 아이에게 친구가 한둘밖에 없으면 사회성이 너무 떨어지는 것이 아닌가 싶어 걱정이다'라고 쉽사리 결론 내릴 일이 아니다.

어떤 아이에게 친구가 열 명 있다고 해 보자. 그렇지만 3~4학년이 되어서도 그저 같이 컴퓨터 오락할 때만 잘 뭉치는 친구라면 그 아이에게 진짜 친구는 없다고 해도 과언이 아니다. 하지만 친구가 한 명뿐이어도 진지하게 서로를 인정하면서 비판할 줄 알고, 또 서로를 도울 줄 안다면 아이가 잘 하고 있는 것이다. 친구 숫자가 적다고 사회성 부족으로 보고 친구 숫자 늘리기에 급급해할 일이 결코 아니라는 말이다.

사람들이 우리 집에 아들이 셋이냐고 물을 때가 있다. 경모가 승식이라는 아이와 둘도 없는 친구가 되면서 셋이 다니는 일이 많기 때문에 그렇게 오해하는 것이었다. 큰아이 경모는 정모에 비해서 친구가 적다.

하지만 나는 전혀 걱정되지 않는다. 경모가 승식이라는 친구와 나누는 우정이 때로는 내가 질투 날 정도로 끈끈하기 때문이다. 승식이랑 경모는 결정적으로 서로의 집에 가서 하룻밤씩 자면서 친해졌다. 잠을 같이 자면서 못했던 이야기를 새롭게 나누며 더 친해진 모양이었다. 경모가 승식이와 어울려 지내는 것을 보고 있노라면 나는 그저 고마울 뿐이다.

나는 이해한다. 아이가 초등학생이어도 아직 물가에 내놓은 어린 아이처럼 불안하기만 한 당신의 심정을 백번 이해한다. 그래서 아이가 누구를 사귀는지, 그 친구가 혹시 나쁜 아이여서 내 아이에게 해를 끼치는 건 아닌지 곤두서게 되는 심정을 이해한다. 하지만 아이가 늘 당신 품에 있을 수만은 없다는 사실을 기억하라. 그러므로 당신이 아이를 정말 위한다면 아이가 친구를 사귀면서 생기는 시행착오들을 너그럽게 바라보았으면 좋겠다.

형제 문제로
골치가 아픈
부모들에게

가장 스스럼이 없지만 그래서 한편으로는 배려하지 않게 되는 사이, 원하건 원치 않건 늘 얼굴을 마주하면서 많은 시간을 함께하지만 의외로 친구보다 모를 수 있는 사이, 때로는 둘도 없는 협력자이지만 때로는 지긋지긋하게 싸우며 서로에게 커다란 상처를 줄 수 있는 사이, 거의 잊고 지내다가도 다급한 순간이면 가장 먼저 생각나는 사이, 그러면서 서로의 성장을 지켜보는 사이……. 그것은 바로 '형제'다. 피를 나누었다는 이유로 내가 세상을 알기 시작하면서부터 내 옆에 있었던 형제 말이다.

요즘 보면 형제 문제 때문에 골머리를 앓는 부모가 의외로 많다. 외동딸, 외동아들은 혼자이기 때문에 외롭지만 부모의 사랑을 독차

지할 수 있다. 그 사랑이 버거워 힘들어할 때도 있지만 말이다. 형제가 셋이 되면 또 얘기가 다르다. 모두 각자 자기 문화가 있고, 둘이 싸움이 붙으면 한 명은 중재자로 나서서 서로 큰 상처를 입지 않는 선에서 싸움이 끝난다.

하지만 나처럼 두 아이를 키우는 부모들은 의외의 복병 앞에서 무릎을 꿇게 된다. 아이가 둘일 때 위험한 이유는 크면 서로에게 그만한 의지처가 없는데, 클 때는 그만한 경쟁자가 없기 때문이다.

물론 두 아이가 둘도 없는 협력자가 될 때가 있다. 둘 중 한 명이 부모에게 혼나서 쫓겨났다고 해 보자. 그럼 나머지 한 명은 부모의 눈치를 살피다가 몰래 문을 열어 주고 빨리 들어오라고 한다. 그리고 지금 현재 아빠와 엄마가 어떤 상태이니 이렇게 하는 것이 좋겠다며 온갖 정보를 주기도 한다. 그렇게 부모와의 관계에서 빚어지는 갈등을 서로 나누면서 형제는 은밀한 공범자가 된다.

경모와 정모도 그렇다. 나와 남편이 둘 중 하나를 혼내거나, 혹은 두 아이를 동시에 혼내면 몰래 둘이서 "우리 엄마는 성격이 너무 급해", "아빠는 매일 늦어, 나빠" 그런 얘기를 나눈다. 그러다가 죽이 맞으면 두 아이가 한편이 되어 나와 남편을 공격하기도 한다. 그렇게 서로가 항상 둘도 없는 협력자가 되면 좋으련만 그것은 나의 꿈에 불과하다.

평소에 경모와 정모는 늘 신경전을 펼치며 자기가 더 잘하고 있음을 과시하려 한다. 나나 남편이 간혹 한쪽으로 기운다 싶으면 그

보이지 않는 경쟁은 더욱 치열해진다. 둘 다 초등학교 들어가고 나서는 그 현상이 더 심해졌다.

다음은 그처럼 두 아이를 키우면서 나름대로 많은 시행착오 끝에 얻은 지혜들이다. 현재 경모와 정모는 적어도 회복될 수 없는 상처로 힘들어하지 않고, 때로는 경쟁하면서도 때로는 협력자로 끈끈한 관계를 이어 가고 있다. 그러므로 두 아이 사이의 문제 때문에 골치가 아픈 부모들에게도 유용한 지침이 될 것이라 확신한다.

1. 두 아이를 절대 같은 학원에 보내지 마라

두 아이를 같은 학원에 보내고 같은 학교에 보내는 부모가 많다. 언뜻 보면 서로가 서로를 챙겨 줄 수도 있고, 부모 입장에서야 여러모로 편리한 부분이 많기 때문이다. 하지만 그것만큼 둘 사이를 나쁘게 만드는 경우도 없다.

나는 경모와 정모를 같은 학교에 보내지 않았다. 경모를 보호하기 위해서였다. 정모는 눈치가 빨라 상대적으로 똑똑해 보이기 때문이다. 아마도 같은 학교에 보냈다면 경모는 스스로 동생과 비교하면서 쌓이는 스트레스를 견디지 못했을 것이다.

형제는 기본적으로 같은 부모에게서 같은 피를 받고 태어났지만, 서로 다른 유전자와 각각의 경험을 지닌 타인으로서 공통점보다는 차이가 더 많다. 그래서 서로의 다른 기질을 받아들이고 서로를 이해하고 존중하려면 굉장히 많은 시간이 흘러야 한다. 그러기 전에 특히나 초등학교 시절, 두 아이를 같이 묶어서 생각하는 것은 부모의 사랑을 얻기 위한 서로의 보이지 않는 경쟁을 더욱 부추기는 꼴밖에 안 된다. 안 그래도 경쟁자인 둘을 더욱더 경쟁하게 만드는 상황으로 몰아넣을 필요가 있겠는가.

두 아이가 서로를 의식하고 비교하는 상황 자체를 굳이 더 만들 이유는 없다. 그러니 제발 두 아이를 같은 학원에 보내거나 같은 학교에 보내지 말았으면 좋겠다.

2. 큰아이에게 작은아이를 맡기지 마라

부모가 두 아이를 같은 학원에 보내고 같은 학교에 보내는 이유 중의 하나는 큰아이가 작은아이를 보살펴 주었으면 하는 바람이 있기 때문이다. "동생 잘 보살펴야 한다"라는 말을 무의식중에 내뱉는 부모의 마음을 모르는 것은 아니지만 그것은 큰아이에게도 작은아이에게도 결코 좋지 않다.

왜냐하면 큰아이는 부모를 대신해 동생을 보살필 준비가 되어 있지 않다. 형제란 무릇 스스로의 욕구나 의지와 상관없이 발생한 관계다. 그러므로 어릴 때는 그 관계의 소중함을 잘 몰라 윽박지르며 싸움을 반복하는 게 예사다. 게다가 초등학생들의 특징이기도 한데, 굉장히 원칙적이라 융통성을 발휘할 줄을 모른다.

그러다 보니 큰아이는 부모보다 더한 엄격함으로 동생을 휘어잡으려는 경향을 보인다. 그래서 언뜻 보면 잘하는 것 같지만 큰아이가 작은아이를 어른보다 더 학대하는 경우가 비일비재하다.

결국 큰아이에게 부모 노릇을 맡겨 놓으면 큰아이는 그 노릇이 버거워서 힘들어하고, 작은아이는 당하느라 힘들어한다. 그러니 설불리 큰아이에게 부모 노릇을 대신 시키지 마라.

3. 싸우게 놔두느니 차라리 고자질쟁이로 만들어라

우리 집 아이들은 고자질쟁이(?)들이다. 왜냐하면 내가 그것을 은근히 권유 하기 때문이다. 첫째인 경모한테는 동생을 컨트롤 하기 어려우면 전화하라고 했고, 둘째인 정모에게도 너무 억울하면 전화하라고 해 두었다. 그럼 내가 자초지종을 들어 보고 중재를 해 주겠다고 말이다.

어떤 엄마는 그렇게 하면 아이들을 정말 고자질쟁이로 만든다며 나를 말린다. 자기네끼리 자연스럽게 해결하도록 내버려 두라는 것이다.

하지만 나는 그렇게 생각하지 않는다. 두 아이가 부모가 없는 상황에서 싸움을 하면 그 감정의 증폭은 생각보다 훨씬 심하다. 처음부터 끝까지 첨예하게 대립하기 때문에 서로에게 회복 불가능한 마음의 상처를 입힐 수 있다.

경모와 정모는 싸움을 하다가 심해질 것 같으면 "전화하자" 그런다. 그럼 나는 아이들에게 나중에 집에 가서 보자고 말하고는 그때까지 싸우지 말라고 당부한다. 물론 분이 안 풀린 두 아이는 내가 집에 갈 때까지 서로 '흥' 하고 못 본 척한다. 그래도 심한 싸움으로 서로에게 깊은 상처를 입히지 않아서인지 아이들은 의외로 쉽게 나의 중재에 승복하는 편이다.

두 형제의 심한 싸움은 말려라. 때론 고자질쟁이(?)로 만드는 것이 싸우게 놔두는 것보다 훨씬 낫다.

아이들이 각각 자기만의 개성을 마음껏 펼쳐 나가는 모습을 바라는가? 애정과 증오라는 양면성에 뿌리를 둔, 그래서 쉬운 관계이면서도 어려운 관계인 형제간의 문제 풀기. 그것은 부모가 형제는 서로 무조건 이해하고 서로 당연히 받아들일 것이라는 착각에서 벗어나는 것에서부터 시작된다.

남자 아이,
여자 아이
이렇게 키워라

서점에 나가 보면 '딸 키우는 법', '아들 키우는 법'만 따로 적은 책들이 심심찮게 눈에 띈다. 그만큼 남자 아이와 여자 아이 키우는 법이 다르다는 이야기일 것이다. 각자 성별에 따라 유리한 점은 북돋워 주지 않아도 키워지겠지만 남자 아이, 여자 아이이기 때문에 조심해야 할 점은 엄마가 도와주는 것이 좋다. 스스로 할 수 있는 일이 아니기 때문이다.

1. 남자 아이, 충동을 조절할 수 있게 하라

요즘은 어디 가서 남자 아이 둘을 키운다고 하면 걱정해 주는 사람이 많다. 그만큼 남자 아이가 여자 아이보다 키우기 힘들기 때문일 것이다.

남자 아이 키우기가 더 힘든 이유는 활동량과 공격성이 여자 아이보다 더 많아서이기도 하지만, 남자 아이들 특유의 욱하는 성미 때문이다. 욱하는 성미는 생각을 하지 않고 행동을 먼저 하는 데에서 비롯된다. 그래서 자기가 왜 그런 행동을 했는지, 또 어떤 행동을 했는지 기억하지 못한다. 친구를 한바탕 두드려 팬 남자 아이에게 "왜 그랬니?" 하고 물으면 "나도 모르게 그랬다", "기억이 안 난다"는 대답이 제일 많이 나오는 이유도 그 때문이다. 여자 아이들은 행동하기 전에 생각하는 것을 특별히 가르쳐 주지 않아도 대개 잘한다. 그런데 남자 아이들에게는 '행동하기 전에 생각하라'는 것을 따로 가르쳐 주어야 한다.

나도 툭하면 싸우고 들어오는 두 아들 때문에 신경이 곤두설 때가 한두 번이 아니다. 한번은 경모가 얼굴에 피를 뚝뚝 흘리면서 들어왔다. 축구 시합을 하다 경모가 상대방 아이 어깨를 툭 치고 무심히 지나갔나 보다. 상대 아이는 반칙에 가깝게 치고 지나갔으니 사과를 하라고 했고, 경모는 그냥 툭 친 것뿐이라며 으르렁대다가 큰 싸움으로 번졌다. 그래서 경모는 이마가 찢어져 피가 났고 상대 아이는 눈에 시퍼렇게 멍이 들었다.

그런데 참 이상한 건 경모가 그다음 날 아이스크림을 사 주면서 사과하니 언제 싸웠느냐는 듯이 낄낄거리면서 더 친한 친구가 되었다.

어떤 남자 어른들은 이런 류의 이야기를 들으면 "남자는 다 그래" 하며 흐뭇해할지 모르겠다. 하지만 아이의 정신 건강을 다루는 전문가 입장에서 나는 이런 식의 해결 방법이 참 마음에 들지 않는다. 꼭 주먹을 써야만 해결이 되는 문제는 아니지 않느냔 말이다.

나는 그래서 아이가 싸우고 들어오면 "왜 그랬니?", "방법이 그거 밖에 없었니?", "다른 대안은 없었니?", "싸우기 전에 충분히 생각했니?"를 꼬치꼬치 묻는다. 생각 먼저 하고 행동할 수 있게 도와주기 위해서다.

남자 아이의 충동 조절력을 키워 주기 위해서는 아빠의 도움이 절실하다. 남자 아이들에게는 주먹을 겨뤄서 누가 더 힘이 센지를 가리는 것이 인생에서 아주 중요한 일인데, 그 심정은 엄마보다 아빠가 더 잘 이해할 수 있다. 엄마는 싸우는 아들을 무조건 혼내지만 아빠는 아이의 마음에 동감을 표시하면서 적절한 대안을 제시해 줄 수 있다.

그래서 우리 집에서는 만약의 사태에 대비하여 아빠가 아이들에게 다음과 같이 싸움하는 법을 가르친다.

첫째, 남이 때릴 때까지는 말로 한다.

둘째, 상대가 너를 먼저 치면 너도 쳐라.

셋째, 상대가 너무 힘이 세서 네가 질 것 같으면 얼른 도망가라.

물론 여기서 제일 중요한 것은 첫 번째 항목이다. 말로도 충분히 문제를 해결할 수 있는데 주먹부터 쓰는 건 '야만인'이라고 아빠가 하도 가르쳐서인지, 이제 경모는 친구들과 싸우기 전에 "말로 하자"고 말하곤 한다.

2. 여자 아이, 자신을 보호할 수 있는 방법을 가르쳐라

워낙 위험한 세상이다 보니 여자 아이를 키우는 일이 더 무서워졌다. 그래서 딸을 가진 부모들은 아이에게 하루에도 몇 번씩 "위험하다", "하지 마라", "가지 마라"라는 말을 내뱉는다. 나는 비록 딸이 없지만, 성폭력 상담소나 병원에서 만나는 여자 아이들에게 "너의 몸이 제일 소중하니까 너 스스로 보호를 해야 한다"는 당부를 빼놓지 않는다.

그런데 가끔 보면 딸에게 위험하다는 경고는 무수히 하면서도 정작 필요한 것을 가르쳐 주지 않는 부모들이 있다. 필요한 것이란 스스로 자기 몸을 위험에서 보호할 수 있는 기본적인 테크닉을 말한다.

다음은 초등학교에 다니는 여자 아이라면 누구나 숙지하고 있어야 할 사실들이다.

우선 낯선 사람이 자기 몸을 못 만지게 하고, 어두운 골목길을 지나가야 할 일이 있으면 조금 기다렸다가 사람이 지나다니기를 기다려 같이 가고, 밤에 늦게 올 때는 꼭 전화하게 해야 한다. 또 혹시라도 자기 몸을 만지는 사람이 있으면 꼭 부모에게 말하도록 평소 교육해야 한다. 이 경우 부모들은 아이에게 허락도 없이 남의 몸을 만진 사람이 나쁘다는 사실을 분명히 일깨워 주어야 한다.

그것은 꼭 성폭력의 위험 때문만이 아니라 여자의 몸을 지나치게 상품화하는 세태에서 아이가 자신의 가치를 스스로 손상시키는 일이 없기를 바라기 때문이다. 평소 못생겼다고 혹은 뚱뚱하다고 놀림을 받으며 마음에 상처를 입은 아이들은 자신을 비하하는 경향이 있다. 그렇게 자신이 얼마나 소중한지 모르는 아이들은 폭력적인 상황 앞에서 더욱 무력해지기 쉽다.

딸에게 스스로를 위험에서 보호하는 법을 가르치는 일은 필수다. 그것은 더 나아가 딸로 하여금 자신의 몸과 마음을 진정 사랑하게 만드는 지름길이다.

3. 여자 아이, 주체적으로 키워라

여자 아이는 남자 아이에 비해 남의 평가에 지나치게 예민하다. 이를테면 남자 아이들은 친구가 별로 없어도 스트레스를 받지 않는데, 여자 아이들은 또래 그룹에 포함되느냐 그렇지 않느냐를 아주 중요하게 생각한다. 심지어 친구가 없는 것을 '나쁘다'고 생각한다.

나는 그런 아이가 오면 친구가 많은 게 좋은 것만은 아니고, 마음에 맞는 한두 명만 있으면 된다고 이야기해 준다. 그런 다음에는 남이 뭐라고 하든 두려워하지 말고 자신의 생각을 자유롭게 표현하라고 권한다. 자신의 생각을 솔직하게 말해도 상대가 자신을 싫어하지 않을 수 있고, 또 싫어한다 하더라도 때론 말할 수 있는 용기를 지니라고 말이다. 그러면 대부분의 여자 아이들은 걱정스런 얼굴을 펴고 안도의 한숨을 쉬며 웃는 얼굴로 돌아간다.

여자 아이들은 또 친구들의 평가 못지않게 선생님의 평가에 예민하다. 그것이 지나쳐서 선생님과 개인적인 친밀감을 쌓는 데에만 골몰하는 아이도 있다. 딸을 그렇게 키우고 싶지 않으면 부모가 딸의 애교와 외모 등을 칭찬하기보다는 아이가 가진 능력을 구체적으로 칭찬하는 것이 좋다. 특히 아빠가 딸의 능력을 자랑스러워하면 아이는 '진짜 자신감'을 가질 수 있다. 더 강한 독립심과 자기 확신, 사회적 책임감을 가지고 씩씩하게 10대라는 바다로 나아갈 수 있는 것이다.

아이에게 좌절을 경험하게 하라

"아이가 좌절을 경험해도 때론 그냥 내버려 두세요."

내가 이렇게 얘기하면 부모님들이 대뜸 묻는다.

"말도 안 돼요. 아직 어린아이인데 좌절을 배워 버리면 그 아이가 어떻게 꿈을 키워 나갈 수 있겠어요? 아이한테 좌절은 결코 도움이 안 된다고 생각합니다."

누구나 어떤 일이든 실패하면 좌절을 느끼고 두려움을 가지게 된다. 하지만 그것이 크지 않은, 즉 작은 좌절일 경우 아이를 오히려 발전하게 한다.

이 세상에 완벽한 사람은 없다. 누구나 장단점을 가지고 있다. 그런데 위대한 사람들은 자신의 장점을 극대화하는 노력과 함께 단점을 조금씩 극복하려는 노력도 게을리하지 않는다. 결국 완벽하지 않기 때문에 오히려 훌륭하고 인간적인 사람으로 성장해 나가는 것이다. 그런 의미에서 보자면 작은 좌절이나 작은 콤플렉스는 삶을 지탱하는 원동력이라고 해도 과언이 아니다.

그래서 나는 '완벽한 부모'가 되어야 할 이유가 전혀 없다고 생각한다. 아이가 원한다고 해서 모든 것을 충족시켜 준다면 그것이 되레 아이를 망칠 수도 있기 때문이다. 그러다 보니 나는 아이들에게 애써 냉정한 모습을 보일 때가 많다. 못해 줄 것은 아무리 아이가 떼를 써도 못해 준다고 아예 못을 박아 버리기도 한다. 상처가 있어야 그것을 메우고 살면서 참고 사는 법을 배운다. 부모가 모든 것을 만족시켜 준다면 아이가 무슨 힘으로 세상을 살겠는가.

콤플렉스를 느껴 본 사람은 내가 아프니까 남도 아프려니 하는 공감 능력을 가지게 된다. 그래서 자기의 실패에 대해서도 조금은 초연한 마음을 가지고 힘들어도 포기하지 않고 위험을 잘 극복해 나간다. 그처럼 좌절을 견디는 능력의 기본은 유치원 때 갖추어지지만 초등학교 때 어떻게 하느냐에 따라 제대로 완성되기도 하고, 망가져 버리기도 한다.

작은 좌절과 작은 콤플렉스는 오히려 사람을 성장시킨다

나는 남들보다 신경이 많이 예민하고 감정의 기복도 심한 편이다. 갑자기 뒤에서 큰 소리가 나면 나도 모르게 살의를 느낄 정도로 못 견뎌 한다. 어릴 때부터 그처럼 예민하다 보니 다른 사람들이 그냥 넘겨 버리는 일도 쉽게 넘기지 못하는 경우가 허다했다. 나는 그것을 극복하기 위해서 여러 가지 이유를 갖다 붙이거나 머리를 써서 불안을 없애기 시작했다. 해결책이 있으면 덜 불안했고 그러면 예민해진 마음도 어느덧 강물처럼 잔잔해지곤 했다.

초등학교 3학년 때 남동생이 내가 아끼던 것들을 훔쳐 간 적이 있다. 아버지가 외국에 다녀오실 때마다 사다 주신 학용품을 다 들고 나가 친구들에게 나눠줘 버린 거다.

그러자 나는 갑자기 세상이 캄캄해지면서 아무것도 할 수 없었다. 동생을 야단칠 기운도 말할 기운조차 없었다. 밥도 거르고 학교를 가도 더 이상 재미가 없었다. 그저 울면서 한 달을 우울증에 걸린 사람처럼 힘없이 다녔다. 내가 그 상황에서 빠져 나온 것은 다음과 같은 생각을 하면서부터였다.

'물건은 내가 아무리 잘 간수해도 없어질 수 있어. 그러니까 앞으로는 더 이상 물건을 모으지 않을 것이고 물건에다 마음을 두지 않을 거야.'

그처럼 나는 감정의 기복이 심하고 작은 자극에도 극도로 예민해지는 성격을 극복하기 위해 글을 쓰고, 생각을 하고, 정리를 하기 시작했다. 그렇게 단점을 컨트롤 하는 법을 계속 생각하고 발전시킨 덕분에 지금은 예전처럼 심각한 사태로 번지는 경우가 거의 없다.

요즘 정모를 보면 아이에게 좌절을 경험하게 하는 것이 얼마나 중요한가에 대해 새삼 느낀다. 정모는 자신이 늘 중심에 서길 바란다. 그렇지만 형인 경모로 인해 중심에 설 수 있는 기회를 원천봉쇄당할 때가 많다.

그런데 그처럼 둘째라는 콤플렉스가 그 아이를 빠르게 발전시키는 면이 많다. 물론 정모는 타고난 장점이 굉장히 많은 편이다. 그래서 안 그래도 잘하는 것이 많지만 형에게 지지 않기 위해서 더 많이 노력한다. 지금의 정모가 가진 지식의 80퍼센트가 거기에서 왔다고 해도 과언이 아닐 정도다.

그리고 정모는 나처럼 감정 기복이 심하고 예민하지만 형이라는 무시할 수 없고 때로는 무서운 존재의 눈치를 살피느라 성격이 점점 원만해지고 있다.

한번은 경모가 나한테 달려오더니 자기가 정모를 혼냈는데 정모가 갑자기 연필을 막 씹는다고 했다. 하지만 내가 왜 그랬느냐고 묻자 정모는 "아니에요, 엄마. 절대로 안 그랬어요"라고 대답했다. 나는 정모의 마음을 이해하기에 모른 척하고 눈감아 주었다. 절대 지고는 못 살지만 형이 있어 자신의 발톱을 감출 줄 아는 아이가 되어 가는 모습이 나쁘지만은 않다는 생각이 들어서였다.

정모는 고학년이 되면서 연필을 우적우적 씹는 대신 글을 쓰거나 다른 방법을 동원해 기술적으로 자신의 콤플렉스를 극복하는 법을 배워 나갔다. 그리고 그것은 지금도 현재 진행 중이다.

인생을 살아가다 보면 장애물은 언제 어디서 튀어나올지 모른다. 하지만 작은 좌절을 견뎌 내고 이겨 내는 연습을 하고 그 결과 '두려움 없는 용기'를 가지게 된 아이들은 장애물이 와도 겁내지 않는다. '장애물은 넘으라고 있는 것이다'라고 생각하며 그것에 적극적으로 부딪혀 어떤 식으로든 당당하게 대처해 나간다.

　그렇지만 없으면 없는 대로, 모자라면 모자란 대로 그것을 스스로 극복해 나가는 법을 배우지 못한 아이들은 엉엉 울음을 터뜨리며 감히 장애물을 뛰어넘을 생각을 못한다. 배우지 않았는데 어떻게 할 수 있겠는가?

　그러니 아이로 하여금 작은 좌절은 일부러라도(?) 경험하게 할 필요가 있다. 그러기 위해서는 먼저 아이가 필요로 하는 모든 것을 뒷받침해 주겠다는 '완벽한 부모 콤플렉스'에서 벗어나라. 아이를 더 망치기 전에 말이다.

구두쇠
엄마 아빠가
되어라

우리 집에서는 아이들에게 기본적으로 일을 하지 않으면 돈을 주지 않는다. 거의 열이면 아홉 공짜란 없다. 돈을 받기 위해서는 청소를 하든, 구두를 닦든, 설거지를 하든, 책 한 권을 읽든 하여튼 무언가를 해야만 한다.

그래서 웃지 못할 해프닝도 많이 벌어지는데 이를테면 일요일에 집 안을 청소할 때 경모와 정모는 서로가 거실을 청소하겠다고 한바탕 소란을 피운다. 거실 청소는 500원이고 각자 자기 방은 300원이기 때문이다. 그러다 보니 돈이 필요하면 자기 스스로 "엄마, 집이 더러운데 내가 청소 좀 할까?" 그런다.

가끔 친척들이 와서 돈을 주고 갈 때가 있는데 나는 돈을 당장 압

수한다. 그러면 아이들은 자기 돈을 왜 빼앗아 가느냐며 울분을 터뜨리지만 나는 그것을 차곡차곡 모아 저금해 놓겠다며 절대 돈을 돌려주지 않는다.

언젠가 경모가 스키 캠프를 가는데 5만 원이 필요하다고 했다. 낼 돈은 다 낸 것 같은데 왜 또 돈이 필요한지 물었더니 우물쭈물하다가 자기가 친구들에게 한 턱을 내야 한다는 것이었다. 친구들은 한 번씩 다 냈는데 자기만 안 내서 소위 '찍혔다'는 것이다. 그래서 뭘 사 줄 거냐고 물었더니 우동 한 그릇씩 사 주기로 했단다. 게다가 스키장은 모든 게 비싸니까 5만 원 정도는 당연히 들 거란다.

"그럼 5만 원을 네가 벌어야지, 왜 엄마한테 달라고 그래?"

그러자 아이는 잠시 속상해하는 표정을 짓더니 그럼 어떻게 하면 5만 원을 벌 수 있는지 물었다. 결국 경모는 졸업 선물 대신으로 3만 원, 설거지와 청소 몇 번을 한 후 5만 원을 타 갔고, 그중 2만 원을 도로 가져와서 갚았다.

매번 그러다 보니 가끔씩 경모와 정모는 입을 쭉 내밀며 불만을 터뜨린다. 다른 엄마들은 필요한 게 있으면 사라고 용돈도 넉넉히 주고, 그것 외에도 뭐 사 달라고 하면 다 사 주는데 넉넉하지 않은 돈마저 뭘 해야만 주는 것이 어디 있냐며 볼멘소리를 하는 것이다. 그럴 때 나는 아이들에게 돈도 한 푼 못 벌면서 아빠 엄마가 고생해서 번 돈을 그저 받아먹기만 해서는 안 된다고 따끔하게 훈계한다. 용돈을 많이 준다고 더 많이 사랑하는 것이 결코 아니며 너희들이 이렇게 해 봐야 돈 귀한 것도 알고 펑펑 쓰는 나쁜 버릇이 안 들어서 좋다는 충고도 잊지 않는다.

남편도 아이들에게 늘 그런다. 돈은 거저 생기는 것이 아니다. 아빠 엄마가 아무리 힘들어도 직장에 나가서 벌기 때문에 생기는 것이다, 병원을 관두면 우리 식구들이 어떻게 먹고 살겠냐…….

솔직히 형편이 그렇게까지 궁핍하진 않다. 그래서 아이들이 원하는 것을 다 사 줄 순 없지만 웬만큼은 사 줄 수 있는 여유가 분명 있다. 하지만 나는 아이들한테 '구두쇠'라는 말을 들을지라도 돈을 쉽게 그냥 주진 않는다.

왜냐하면 나는 아이가 돈이 좀 없어도 행복할 수 있기를 바란다. 물론 자본주의 사회에서 돈은 중요하다. 그렇지만 돈을 최고로 아는, 그래서 돈이면 다 된다는 가치를 심어 주고 싶지는 않다. 만약 돈을 최고로 안다면 아이는 커서 분명 돈이 없으면 초라하다고 느낄 테고, 그러면 자연스럽게 돈을 더 벌기 위해서 안간힘을 쓰게 될 것이다.

그러나 돈이란 늘 있을 수도 있고 없을 수도 있다. 그러므로 나는 아이들이 돈이 있으면 가치 있게 쓰고, 돈이 없으면 없는 대로 소박하게 자신의 욕망을 줄이면서 행복을 찾을 수 있기를 바란다.

그런데 돈이 없으면 없는 대로 행복을 찾을 줄 아는 능력은 어릴 때 길러진다. 없으면 적게 먹고 덜 쓰다가 나중에 모아서 살 줄 아는, 그럼으로써 돈에 끌려 가는 것이 아니라 있는 돈을 유용하게 컨트롤 하는 능력을 배워 나가는 것이다.

어릴 때부터 계속 그러한 교육을 시킨 탓인지 우리 아이들은 기본적으로 많이 바라지 않는다. 다른 아이들이 명품 사 달라고 졸라 댈 때 경모와 정모는 둘 다 옷이 떨어진 것도 아닌데 왜 사느냐고 반문한다. 경모에게 한번은 휴대전화를 사 줄까 물었더니 많이 쓰지도 않는데 살 필요가 없단다. 필요하면 자기 친구들 다 있으니까 한 번씩 빌려서 쓰면 된다면서 말이다. 그리고 휴대전화가 보통 30만 원이 넘는데 자기는 기계 조작을 잘 못해서 고장 날 확률이 높고, 그러면 그 수리비도 만만치 않게 들 것이라고도 했다.

그뿐만이 아니다. 아이들한테 큰 마음먹고 바퀴 달린 신발을 사 준 적이 있는데 하나당 10만 원이 넘었다. 500원만 있어도 희희거리며 좋아하는 아이들에게 10만 원은 엄청나게 큰돈이었던 모양이다. 아이들은 나에게 그러면 돈이 없는 것 아니냐고 걱정하면서 몇 달 동안을 미안해했다. 보통 때 같으면 옷을 사도 백화점은커녕 동대문 시장을 몇 바퀴 돌면서 싼 데를 찾아다니는데 신발은 선뜻 사 주니까 더 그랬던 것 같다. 실은 나에게 마침 백화점 상품권이 있어서 산 것이었는데도 말이다.

요즘 부모들 사이에서 경제 교육 열풍이 불고 있다. 돈을 잘 쓰는 법을 가르치고, 작은 돈을 어떻게 굴려야 큰돈을 만들 수 있는지 가르치는 경제 교육도 물론 중요하다. 그러나 그보다 먼저 아이들에게 가르쳐야 할 것은 소박한 삶도 좋다는 걸 알게 하는 것이 아닐까? 콩나물 값을 아끼고 자신을 위해서는 돈 한 푼 쓰는 것도 아까워하면서 아이들이 원하는 것은 다 채워 주고 싶어하는 부모들이여! 공부를 잘해야 나중에 돈 많이 벌고 성공한다고 가르치는 부모들이여! 진정 아이들에게 가르치고 싶은 것이 물질적인 가치가 최고이며, 더 많이 가져야만 더 행복해진다는 것인가?

만약 그렇지 않다면 오늘부터라도 돈이 많이 없어도 행복할 수 있는 삶을 보여 주기 바란다. 더 나아가 나의 바람은 대한민국 부모들이 모두 뜻있는 구두쇠 부모가 되었으면 하는 것이다. 그것이 결국 나중에 아이의 인생을 진정 행복하게 만드는 길임을 확신하기 때문이다.

저학년 부모들이 특히 유념해야 할 것들

초등학교 저학년 아이들은 불안과 걱정이 많다. 자아가 아직 완전히 확립되지 못한 상태이기 때문에 외부로부터 어떤 자극을 받으면 그것을 거부하거나 받아들여야겠다는 생각을 하지 못하고 그저 전전긍긍하면서 무서워만 한다. 한마디로 자아가 약하기 때문에 불안과 걱정이 많은 것이다.

그래서 부모든 선생님이든 한꺼번에 많은 것을 시키면 대뜸 '과연 내가 이것을 할 수 있을까? 너무 무서워' 하면서 불안 반응을 보인다.

"너 계속 그렇게 엄마 말 안 들으면 도깨비가 잡아간다!"라는 말을 했다고 치자. 고학년 아이들은 "치, 도깨비가 어디 있어? 엄마 거짓말쟁이"라고 말할 것이다. 그러나 저학년 아이들은 그 말을 정말이라고 믿는다. 무서운 생각 좋아하고 무서우니까 더 보는 시기가 바로 저학년 때다. 약한 자아의 틈새로 그런 이야기들이 더욱 솔깃하게 다가오기 때문이다. 그래서 저학년 아이들은 그런 말을 들으면 정말 도깨비가 잡아갈지도 모른다며 불안에 떤다.

이처럼 자아가 완전히 확립되지 못하고, 불균형하기 때문에 저학년 아이들을 다룰 때는 좀 더 유의해야 할 사항들이 있다. 다음의 네 가지가 바로 그것이다.

1. 때로는 어리광을 받아 주어라

"나, 오늘은 엄마 아빠랑 잘 거야."

"정모야, 어서 네 방으로 가."

"싫어. 엄마 아빠랑 잘 거야."

정모가 1학년 때까지만 해도 나는 밤에 가끔씩 정모와 이런 실랑이를 벌이곤 했다. 결국 대부분 정모는 그렇게 실랑이를 벌이다 자기 방으로 갔지만 가끔씩은 내가 데리고 자기도 했다. 그 아이가 가진 불안함을 이해하기 때문이다. 나도 어릴 때 가끔 무서워서 베개를 들고 엄마한테 갔던 기억이 난다.

물론 그렇다고 저학년 아이들이 늘 불안 증세를 보이는 것은 아니다. 괜찮아질 때도 있다. 그렇지만 어느 한순간 불안을 난데없는 어리광으로 호소할 때가 있다.

그럴 때면 아이의 버릇을 들인다며 혼내기 전에 아이를 잘 살펴보는 것이 좋다. 그래서 한순간의 불안함으로 인한 어리광이라면 그런 것은 꼭 받아 주어야 한다. 그래야만 금세 좋아져서 스스로 불안함을 쫓아낼 수 있게 된다.

그러므로 아이가 저학년인데도 무척 어른스럽다면 그것을 마냥 기뻐할 일만도 아니다. 오히려 내면의 불안감을 부모 앞에 보이지 못하고, 칭찬을 받기 위해 애써 감추는 것일 수도 있기 때문이다.

2. 아파트는 되도록 피하라

선의의 경쟁은 사람을 키운다고 한다. 그러나 저학년의 경우 '경쟁'이라는 단어는 잘못하면 아이들을 주눅 들게 하기 십상이다. 고학년쯤 되면 또래들과의 선의의 경쟁을 통해 자아를 발전시켜 나갈 수도 있다. '저 친구가 잘하면 나도 잘할 수 있지 않을까' 고민하며 스스로 노력해 볼 수도 있게 된다.

그러나 저학년의 경우 아직 자아상이 확고하게 자리 잡혀 있지 않기 때문에 경쟁을 온통 스트레스로 받아들이기 쉽다. 그러므로 저학년 때는 부모들이 아이를 경쟁의 한가운데로 내모는 사태가 발생하지 않도록 잘 살펴야 한다.

그런데 아파트라는 환경은 저학년 아이들에게 있어 최대의 적이다. 일단 아이들이 뛰어놀기에 위험하고, 놀이터라고 해 봐야 주차 공간 때문에 비좁기 이를 데 없다. 게다가 고층에 살수록 부지불식간에 사고가 일어날 확률도 높다.

그러나 아파트 문화의 최대 비극은 뭐니 뭐니 해도 아파트가 아이들을 '쓸데없는 비교'를 통한 '쓸데없는 경쟁'을 하게끔 몰아붙이는 환경이라는 점에 있다. 아파트에 사는 부모들은 보통 아이들을 혼낼 때 이런 말을 내뱉는다.

"옆집 아이는 이것도 할 줄 알고 저것도 잘하는데 너는 어쩜 이런 쉬운 것도 못하니?"

그런 비교는 저학년 아이에게 열등감을 부추기고 부정적인 자아상을 키우게 할 뿐이다. 게다가 어느새 비교에 익숙해진 아이들은 "너 몇 평에 살아?", "너희 아빠 뭐 하는데?", "차는 뭔데?" 등등의 이야기를 하면서 서로를 비하하는 데 익숙해져 버린다.

안 그래도 저학년 아이들은 학교에서든 과외 장소에서든 익숙하지 않은 경쟁 체제 속에서 마음을 다치기 마련이다. 그런데 마음껏 뛰어 놀고 마음껏 보호받아도 모자랄 집이라는 공간에서조차 자꾸만 비교를 통한 비하에 시달리게 되면 그 아이는 결코 잘 자라나기 힘들다.

그러므로 아파트는 부모들이 살기에는 좋을지 모르지만 저학년 아이들한테는 백해무익하다. 점수 경쟁으로도 지친 아이들이 집 평수와 아빠의 직업 등으로 다시 한 번 평가되는 환경에서 과연 무엇을 배울 수 있겠는가.

아파트는 되도록 피하라. 적어도 집이라는 공간에서조차 아이로 하여금 "난 쓸모없는 아이야. 잘하는 게 하나도 없어"라는 말을 내뱉게 하고 싶지 않으면 말이다.

3. 긍정적인 최면을 걸어라

알렉산더 S. 니일은《서머힐》에서 이렇게 말했다.

"우리가 계속해서 그들의 잘못을 들추어내면 어린이는 열등감을 갖게 되고 결국 어린이의 천성을 손상시키게 된다. 노이로제는 부모의 엄격한 훈련에서 비롯된다. 이것은 곧 사랑과는 반대가 된다. 부모가 아이들에게 사랑과 인정으로 가득 찬 분위기를 제공해 준다면, 비열함과 미움과 파괴적인 분노는 절대로 나타나지 않을 것이다."

아무리 예쁜 아이라 해도 장단점을 가지고 있기 마련이다. 그런데 더욱 예쁜 아이로 커 가느냐 아니냐는 부모에서 달려 있다. 부모가 장점을 계속 칭찬해 주면서 그것을 살릴 수 있도록 도와준다고 치자. 그러면 아이는 단점이 있지만 장점이 더 많은 아이, 그래서 더욱 예쁜 아이로 커 나가게 된다.

그러므로 설령 아이에게 문제가 많더라도 그 문제를 당장 고쳐야 한다며 계속 지적하는 것은 옳지 않다. 그것은 부모의 긍정적인 기대를 에너지로 삼아 살아가는 아이에게서 삶의 에너지를 빼앗는 것이나 다름없기 때문이다.

오히려 그럴 때는 부모들이 한 발 물러나서 불안감을 누르고 다시 한 번 긍정적 기대감을 가지고 아이를 쳐다보는 것이 중요하다.

그리고 부모들은 아이들을 대할 때 단점보다는 장점을 많이 보도록 노력해야 한다. 뭔가 잘했으면 곧바로 크게 칭찬을 해 주고, 실수를 하면 그 실수를 파고들어 아이를 주눅 들게 하기보다는 오히려 격려함으로써 아이가 다시 힘을 낼 수 있도록 해야 한다.

그렇게 하기 위해서 내가 부모들에게 적극적으로 권유하는 것이 있다. 늘 아이에 대해 긍정적인 최면 상태에 빠질 것.

지나치면 부족함만 못하다지만 그런 최면이라면 지나쳐도 괜찮다. 부모의 긍정적인 기대를 먹고사는 것이 바로 저학년 아이들이기 때문이다.

4. 늘 귀를 열어 두어라

누구나 싫은 소리를 하면 듣기 싫은 법이다. 그런데 우리나라 부모들은 특히나 남이 자기 아이에 대해서 싫은 소리 하는 것을 못 참는 경향이 있다. 애써 앞에서는 참을지라도 돌아서서는 "자기 자식은 얼마나 잘났는데?"라는 소리를 하기 일쑤다.

그러나 그렇게 해서는 결코 내 아이를 객관적으로 볼 수 없다. 객관적으로 보지 못하면 부모의 욕심이 눈을 가리게 된다. 그래서 아이의 타고난 천성과 재능을 제대로 파악하고 그것을 존중하기보다는 욕심의 잣대를 마음대로 휘둘러 아이를 망치기 십상이다.

물론 부모가 자신의 아이를 객관적으로 본다는 것은 무척이나 어려운 일이다. 나도 소아정신과 의사로 18여 년 동안 수많은 아이를 상담하고 치료해 왔지만 누가 나에게 "당신은 당신의 아이를 100퍼센트 객관적으로 볼 수 있나요?"라고 묻는다면 선뜻 고개를 끄덕일 자신이 없다. 부모와 자식 관계라는 것이 그만큼 감정적으로 너무 많이 밀착되어 있기 때문에 남의 아이를 보듯 내 아이를 객관적으로 바라보기란 쉽지 않다.

그래서 나는 아무리 바쁘더라도 경모와 정모 친구의 엄마들을 만나는 일을 게을리하지 않는다. 친구 엄마들과 만나면 아이들이 학교에서든, 친구와 놀면서든 어떤 행동들을 했는지를 금방 알 수 있다. 귀를 활짝 열어 준 결과다.

선생님이든 또래 엄마들이든 그렇게 내 아이에 대한 정보를 얻을 수 있는 곳에 귀를 쫑긋 열어 두는 것은 무척이나 중요하다. 어쩌다 내 아이가 욕을 너무 많이 한다거나, 선생님한테 맞았다거나 하는 얘기를 들으면 좀 어떤가! 그때 잠시 내가 욕을 먹고 내가 선생님한테 맞은 것처럼 부끄럽고 속상하더라도 사실을 있는 그대로 아는 것이 좋다. 문제가 있는지조차 모르고 넘어갔다가 더 큰 사태가 빚어지길 바라는 것이 아니라면 말이다.

특히나 아이와 함께하는 시간이 적은 일하는 엄마들은 더욱더 아이의 주변 사람들에게 귀를 열어 두는 것이 필요하다.

고학년 부모들이 특히 유념해야 할 것들

가끔 지하철이나 버스를 타면 나는 사람들을 유심히 쳐다보는 편이다. 특히 엄마와 함께 탄 아이가 있으면 나는 일부러라도 자리를 옮겨 그 아이 곁에 선다. 그 또래 아이들이 엄마와 어떤 이야기를 하는지 염탐(?)하기 위해서다.

하지만 그 시도는 실패할 때가 많다. 엄마와 다정하게 수다를 떨기는커녕 마치 남인 것처럼 말 한마디 없이 썰렁하게 가는 경우가 훨씬 많아서다. 특히 남자 아이를 데리고 탄 엄마들은 대개 '아이고, 이 웬수를 어떻게 하나?'라는 못마땅한 표정을 역력히 짓고 있다.

그 모습을 볼 때마다 나는 얼른 가서 "당신은 지금 아이와 좋은 관계를 유지할 마지막 기회를 놓치고 있다"라고 말해 주고 싶다. 초등학교 고학년 때 맺은 부모와의 관계가 평생을 가기 때문이다.

저학년 때까지 말을 잘 듣고 성실하던 아이가 고학년 올라가더니 반항만 하고 빈정거려 속상하다는 엄마가 많다. '알 만한 나이'에 말을 잘 안 들으니 버르장머리를 고쳐 놓아야 한다고 생각하는 것일까. 대부분의 엄마들은 아이를 누르고 더 혼내려고 든다. 그래서 아이들이 엄마에게 가장 많이 혼나고 맞는 시기가 초등학교 고학년 때다. 하지만 그럴수록 아이는 더욱더 엇나가고 엄마는 더 큰 소리로 야단을 치고 벌을 세우기 일쑤다.

"우리 아이가 무슨 생각을 하는지 그 속을 모르겠어요."

"옛날에는 시키면 곧잘 했는데 이제는 말도 안 들어요."

"왜 그렇게 빈정거리죠? 도대체 무서워서 말을 붙이기가 힘들어요."

부모들은 이런 말을 하면서 '아이가 이상해졌다'며 그 원인을 아이에게서 찾으려 한다. 하지만 이런 말이 나올 정도면 사실 그전부터 부모와의 관계가 좋지 않았을 확률이 높다. 어쩌면 과도한 공부를 하게 했을 수도 있고, 집안 분위기가 권위적이라 아이의 이야기가 무시당했을 수도 있다.

고학년이 되면서 아이가 반항적이 되고 엄마 아빠를 평가하게 되는 것은 아이의 정상적인 발달상 당연히 오는 과정이다. 순하다고 안심할 일이 아니고, 삐딱하다고 걱정할 일이 아니란 얘기다. 어떤 아이는 곱게 표현하기도 하고 어떤 아이는 반항하는 것처럼 표현하기도 하지만, 속 내용은 모두 부모와 다른 시각으로 '자기 이야기'를 하기 시작하는 것이다.

어느 날부터인가 경모는 아빠와 무지무지한 지능 게임(?)을 펼치기 시작했다. 한번은 남편이 외국에서 상을 하나 받았는데 갑자기 경모가 한숨을 쉬었다.

"엄마, 아빠는 저렇게 상을 받는데 내가 커서 상을 못 받으면 어떡하지?"

"갑자기 그런 걱정을 왜 하는데? 꼭 아빠를 닮아야 할 필요는 없잖아."

그러자 경모는 도리어 아빠가 훌륭한데 아들이 훌륭하지 않으면 어떡하느냐고 반문했다. 나는 '경모가 아빠를 닮고 싶어하는구나'라는 생각을 하며 짐짓 모른 체했다. 그런데 며칠 뒤에는 전혀 엉뚱한 말을 꺼냈다.

"엄마, 요즘 아빠가 너무 늦게 다니는 거 아니에요? 가정에 불성실하신 거 같아요."

그러고는 기어이 아빠가 들어오기를 기다렸다가 아빠에게도 편치를 날렸다.

"아빠, 너무 늦게 다니지 마세요. 그리고 공부만 너무 좋아하는 거 아니에요? 저희들보다 공부하는 게 더 좋으세요?"

갑자기 한 방 먹은 남편은 어쩔 줄을 몰랐다.

경모가 그러기 시작한 것은 5학년이 되면서부터였다. 훌륭한 아빠를 닮고 싶다며 아빠를 이상화했다가 어느 순간에는 아빠가 공부만 하고, 틀에 박혀 있고, 엄마한테 좀 더 친절해야 하는데 그렇지 못하다며 경쟁 상대처럼 아빠를 비판하는 것이다.

남편은 갑자기 달라진 경모의 태도에 놀라 당황하면서 나한테 도움을 청했다. 경모에게 무슨 안 좋은 일이 있는지, 아니면 왜 저러는 것인지 묻는 것이었다. 나는 터져 나오는 웃음을 참으며 말했다.

"경모 이제 5학년이에요. 사춘기에 들어선 거죠. 그러니까 경모에게 잘해요. 지금 잘못하면 평생 경모의 미움을 받을 각오도 해야 할 걸요?"

조금 과장해서 말한 측면이 있지만 아이가 5~6학년이 되어 사춘기에 들어서면 부모들은 긴장을 해야 한다. 아이가 부모를 이상화했다가 비판도 했다가 하면서 자신의 개똥철학을 펼치는데 그것을 몰라주면 섭섭한 마음을 넘어서 커다란 상처를 입고 부모와의 대화 채널을 닫아 버리기 때문이다. 그처럼 사춘기 때 아이들이 부모에 대해 갖게 되는 상은 평생을 간다.

아이가 부모를 비판했을 때 "어디서 감히" 하면서 아이를 윽박질렀다고 해 보자. 그러면 아이는 한두 번 더 해 보다가 어느 순간 입을 닫아 버린다. '우리 엄마 아빠랑은 얘기가 안 통해'라고 생각하며 자신의 세계에서 부모를 아웃 시켜 버리는 것이다. 그러므로 아이가 부모를 비판할 때는 "그래, 그런 건 엄마가 고쳐 보도록 노력할게" 혹은 "그건 엄마가 이래서 그래"라고 설명하고 이해하도록 해야 한다.

그 일이 있고 난 뒤 남편은 한동안 밖의 일을 대폭 줄이고 집에 일찍 들어왔다. 그것이 결코 쉽지는 않은 일이다. 한창 밖에서 많은 일을 펼칠 40대인데 그 시간에 집으로 들어오는 것이 어디 쉽겠는가. 그렇지만 남편은 자신이 어떻게 하느냐에 따라 경모와의 평생 관계가 정립된다는 것을 깨닫고 그 소중한 일에 더 매진하기로 한 것이다.

경모는 금요일 저녁을 무척이나 좋아했다. 아빠와 단둘이 데이트를 할 수 있기 때문이었다. 경모는 금요일이면 잠실 근처에서 공부를 했는데 돌아올 때는 아빠의 차를 타고 왔다. 경모에게 왜 그렇게 그 시간이 좋으냐고 물어보았더니 배시시 웃었다. 그러더니 잠시 후 경모가 말했다. 아빠는 시험 볼 때 걱정을 많이 했느냐 안 했느냐, 언제부터 공부를 잘했느냐, 난 잘 못하는데 어떻게 하면 잘할 수 있느냐 등등의 이야기를 나누는데 그냥 그런 이야기를 나누는 것이 좋단다. 경모는 자기가 나중에 커서 운전면허를 따면 아빠를 모시고 다니겠다고도 했다.

5~6학년 부모들이 가장 조심해야 할 것, 그것은 바로 아이가 사춘기에 들어섰음을 잊지 말아야 한다는 것이다. 개똥철학을 펼치는

아이를 두고 말을 잘 안 듣는다며 혼내기만 하면 아이는 부모로부터 점점 멀어질 수밖에 없다. 부모와의 대화 채널 스위치를 완전히 꺼 버린 아이에게 다가서는 데는 한계가 있다. 어쩌면 내 남편도 그 사실을 알기에 자신의 일을 줄여서라도 아이와의 시간을 더 많이 갖기 위해 노력했는지 모른다.

부모들이여, 아이를 위해 시간 내기를 주저하지 마라. 특히나 아이가 초등학교 고학년이라면 시간의 우선순위를 아이와 함께하는 데 두어라. 시간을 내기가 쉽지 않다면 꼭 아이의 이해를 구하라. 그리고 무언가를 가르치려 하기 전에 귀를 열고 아이의 말을 경청하라. 아무리 수긍이 안 되는 이야기라도 우선 잘 들어 주면 아이는 마음 놓고 부모에게 모든 이야기를 하게 된다. 그러면 그 속에서 아이에게 다가서는 방법도 보다 쉽게 찾을 수 있게 될 것이다.

마지막으로 잊지 않았으면 좋겠다. 아이의 인생은 정말 초등학교에 달려 있다는 사실을 말이다.

아이의 인생은 초등학교에 달려 있다

초판 1쇄 발행 2011년 8월 2일
초판 17쇄 발행 2022년 8월 29일

지은이 신의진

발행인 이재진 **본부장** 신동해
책임편집 최재진 **북에디팅** 김경림 **디자인** 강희철 **일러스트** 오선주
마케팅 최혜진 신예은 **홍보** 최새롬 **제작** 정석훈

브랜드 걷는나무
주소 경기도 파주시 회동길 20
문의전화 031-956-7208(편집) 031-956-7087(마케팅)
홈페이지 www.wjbooks.co.kr
페이스북 www.facebook.com/wjbook
포스트 post.naver.com/wj_booking

발행처 ㈜웅진씽크빅
출판신고 1980년 3월 29일 제406-2007-000046호

ⓒ신의진 2011 (저작권자와 맺은 특약에 따라 검인을 생략합니다)
ISBN 978-89-01-12739-2 03590

걷는나무는 ㈜웅진씽크빅 단행본사업본부의 브랜드입니다.
이 책은 저작권법에 따라 보호받는 저작물이므로 무단 전재와 무단 복제를 금지하며,
이 책 내용의 전부 또는 일부를 이용하려면 반드시 저작권자와 ㈜웅진씽크빅의 서면동의를 받아야 합니다.

* 일러두기 : 이 책은 2004년에 발간된 《아이의 인생은 초등학교에 달려 있다》의 개정판입니다.

· 잘못된 책은 바꾸어 드립니다.
· 책값은 뒤표지에 있습니다.